Q

Djuna Barnes

Leidenschaft *Erzählungen*

Aus dem Amerikanischen
von Karin Kersten

Verlag Klaus Wagenbach Berlin

Die hier gesammelten Erzählungen erschienen unter dem Titel *Spillway* 1960 bei Faber and Faber in London und 1962 bei Farrar, Straus and Giroux in New York.
Eine andere deutsche Fassung erschien in der Übersetzung von Joachim Ullmann 1961 im Verlag Günther Neske, Pfullingen, mit dem Titel *Eine Nacht mit den Pferden.*
Für unsere Ausgabe wurde der mit der Autorin für die italienische und französische Übersetzung vereinbarte Titel gewählt.

Quartheft 147

Verlag Klaus Wagenbach
Ahornstraße 4 1000 Berlin 30
Umschlagfoto von Emil Otto Hoppé
Satz und Druck: Poeschel & Schulz-Schomburgk, Eschwege
Gesetzt aus der Korpus Baskerville Antiqua
Bindung: Augsburger Industriebuchbinderei

ISBN 3 8031 0147 6

Inhalt

Aller et retour
9
Löschung
23
La Grande Malade
37
Eine Nacht mit den Pferden
49
Der Diener
59
Das Kaninchen
71
Die Ärzte
85
Kopfunter
95
Die Leidenschaft
109

Leidenschaft

Für Mutter

Aller et retour

Unter den Fahrgästen im Zug von Marseille nach Nizza war eine Frau von großer Kraft.

Sie war weit über vierzig und ein bißchen oberlastig. Sie war enggeschnürt, so daß die Korsettstangen sich bei jedem Atemzug bogen, und bei jedem Atemzug und jeder Bewegung erklirrten auch die klobigen Glieder ihrer vielen goldenen Ketten, während das Klicken derbgefaßter, großer Steine ihre leichteren Gesten unterstrich. Von Zeit zu Zeit hob sie eine langstielige Lorgnette vor die häufig zwinkernden Augen und spähte in die Landschaft hinaus, die hinter dem Rauch des Zuges verschwamm.

In Toulon zog sie das Fenster herunter und lehnte sich hinaus, um nach Bier zu rufen, und der Cul de Paris ihres hüftengen Rockes ragte steil über den hochgeschnürten hellbraunen Stiefeln auf, die wohlgeformte Beine in rosawollenen Strümpfen umspannten. Sie lehnte sich zurück, trank ihr Bier mit Genuß und fing derweil die Erschütterungen ihres Körpers auf, indem sie die kleinen molligen Füße fest gegen den Gummibelag des Bodens stemmte.

Sie war Russin, eine Witwe. Ihr Name war Erling von Bartmann. Sie lebte in Paris.

Bei der Abfahrt in Marseille hatte sie ein Exemplar von *Madame Bovary* erstanden, und das hielt sie nun mit leicht angehobenen, abgewinkelten Ellenbogen in den Händen.

Mit Mühe las sie ein paar Sätze, dann legte sie das Buch auf den Schoß nieder und schaute auf die vorbeiziehenden Hügel hinaus.

Nach ihrer Ankunft in Marseille überquerte sie gemächlich die schmutzigen Straßen, den gebufften Rock bis weit über die Stiefel geschürzt, und wirkte dabei gleichzeitig umsichtig und geistesabwesend. Die dünne Haut ihrer Nase erbebte, als sie die üblen Gerüche der engeren Gassen einsog, doch war ihr weder Vergnügen noch Mißvergnügen anzumerken.

Sie lief die steilen, engen, abfallübersäten Straßen hinauf, die vom Hafen ausgehen, und blickte abwechselnd starr nach links und nach rechts, mit einem Blick, dem nichts entging.

Eine derbe Frau lümmelte sich breitbeinig in der Tür zu einem einzelnen Zimmer, das mit einem hochbeinigen, rostigen Eisenbett vollgestellt war. Sie hielt einen Hahn und rupfte ihn beiläufig mit einer riesigen Hand. Die Luft hing voller schwebender Federn. Sie hoben und senkten sich über Mädchen, die unter ordinären dunklen Ponyfransen hervorzwinkerten. Madame von Bartmann setzte achtsam Fuß vor Fuß.

Vor einem Schiffslieferanten blieb sie stehen und sog den scharfen Geruch geteerter Taue ein. Sie nahm mehrere kolorierte Postkarten von ihrem Ständer, auf denen Frauen beim Baden zu sehen waren oder auch fröhliche Matrosen, die sich mit verschmitztem Blick in falscher Treuherzigkeit über vollbusige Sirenen beugten.

Madame von Bartmann berührte die Satinstoffe vulgärer, grellfarbiger Bettüberwürfe, die in einem Seitengäßchen zum Verkauf auslagen. Ein Fenster voller Fliegendreck, staubig und von Sprüngen durchzogen, stellte einen stufenförmigen Aufbau von Trauerkränzen zur Schau, die aus weißen und magentaroten Perlen gewunden und von Abbildungen des Blutenden Herzens eingerahmt waren, diese wiederum aus Blech gehämmert und in blattsilberne Flammen gefaßt, und das Ganze gestrandet auf einer Brandung aus Spitze.

Sie kehrte in ihr Hotelzimmer zurück und löste vor dem Spiegel in der hohen Schranktür die Nadeln aus Hut und Schleier. Um die Stiefel aufzuschnüren, setzte sie sich in einen von acht Lehnstühlen, die mit millimetergenauer Präzision an den beiden gegenüberliegenden Wänden aufgereiht standen. Die dicken Samtvorhänge mit ihren üppigen Falten sperrten die Geräusche des Hofes aus, auf dem Tauben verkauft wurden. Madame von Bartmann wusch sich die Hände mit einem großen Oval gewöhnlicher roter Seife und trocknete sie ab, während sie nachzudenken versuchte.

Am Morgen plante sie, auf derbem Leintuch zwischen dem Mahagoni von Kopf- und Fußteil sitzend, den weiteren Verlauf ihrer Reise. Für den Zug war es noch zwei oder drei Stunden zu früh. Sie zog sich an und ging aus. Als sie auf eine Kirche stieß, trat sie ein und streifte langsam die Handschuhe ab. Es war dunkel und kalt, und sie war allein. Zwei Öllämpchen brannten zu beiden Seiten der Figuren des Hl. Antonius und des Hl. Franziskus. Sie legte ihren Lederbeutel auf einer Bank ab und ging in eine Ecke, wo sie niederkniete. Sie drehte die Steine ihrer Ringe nach innen und legte die

Hände so aneinander, daß das Licht durch die kleinen Finger hindurchschien. Sie hob die Hände und betete mit der ganzen Kraft der Erkenntnis um eine gewöhnliche Vergebung.

Sie stand auf und spähte umher, verärgert, weil vor dem Allerheiligsten keine Kerzen brannten – und befühlte dabei den Stoff der Altardecke.

In Nizza löste sie einen Omnibusfahrschein zweiter Klasse und erreichte etwa um vier Uhr den Stadtrand. Mit einem großen Eisenschlüssel öffnete sie das hohe, verrostete Eisentor eines privaten Parks und schloß es wieder hinter sich.

Die Allee der blühenden Bäume mit ihren wohlriechenden Blütenschalen, das Moos, das die geborstenen Pflastersteine umsäumte, die heiße, muskatduftende Luft, das unablässige Flügelrascheln unsichtbarer Vögel – das alles verwob sich zu einem Gewirr tönender Muster, heller wie dunkler.

Die Allee war lang und verlief schnurgerade, bis sie zwischen zwei wuchtigen Tonkrügen, aus denen sich stachelgespickte Arme von Kakteen emporwanden, eine Kurve machte, und gleich dahinter erhob sich das Haus aus Stuck und Stein. Von den Läden, die auf die Allee hinausgingen, war keiner offen, wegen der Insekten, und Madame Bartmann schritt, immer noch mit gerafften Röcken, langsam neben das Haus, wo eine langhaarige Katze wohlig in der Sonne lag. Madame von Bartmann schaute zu den Fenstern hinauf, deren Läden nur halb geschlossen waren, und blieb stehen, überlegte es sich dann jedoch anders und nahm den Weg in das Gehölz im Hintergrund des Hauses.

Das tiefe, durchdringende Gesumme krabbelnder Insekten verstummte, wo sie, mit Bedacht, den Fuß hinsetzte, und sie wandte den Kopf und schaute in die versprengten Tupfer Himmel hinauf.

Sie hielt immer noch den Schlüssel in der behandschuhten Hand, und das siebzehnjährige Mädchen, das aus dem Gebüsch trat, nahm ihn ihr ab, als es neben ihr herzulaufen begann.

Das Kind trug noch kurze Röcke, und das Rosa seiner Knie hatte vom Staub des Unterholzes einen Stich ins Graue angenommen. Eichhörnchenfarbenes Haar teilte sich leuchtend auf seinem Kopf und stieg zu den Läppchen der schmalen Ohren hinab, wo es von einem verblichenen grünen Band zusammengehalten wurde.

»Richter!«, sagte Madame von Bartmann (ihr Gatte hatte einen Jungen gewollt). Das Kind legte die Hände auf den Rücken, ehe es antwortete.

»Ich war draußen, auf den Feldern.«

Madame von Bartmann setzte ihren Weg fort, ohne zu antworten.

»Hast du in Marseille Station gemacht, Mutter?«

Sie nickte.

»Wie lange?«

»Zweieinhalb Tage.«

»Wieso zweieinhalb?«

»Die Züge.«

»Ist das eine große Stadt?«

»Nicht sehr groß, aber schmutzig.«

»Gibt es da irgendetwas Schönes?«

Madame von Bartmann lächelte: »Das Blutende Herz – Matrosen ...«

Sie gelangten alsbald aufs freie Feld, und Madame von Bartmann raffte ihren Rock und setzte sich auf einen

Erdhügel, der warm war von sonnenbeschienenem Gras.

Das Kind ließ sich mit der Gelenkigkeit seiner Jugend neben ihr nieder.

»Bleibst du jetzt zu Hause?«

»Eine ganze Weile.«

»War Paris schön?«

»Paris war Paris.«

Das Kind verstummte. Es begann, am Gras zu zupfen. Madame von Bartmann zog die hellbraunen Handschuhe aus, die an der Daumenspitze aufgeplatzt waren, und schwieg einen Augenblick, ehe sie sagte: »Tja, nun, wo dein Vater tot ist ...«

Die Augen des Kindes füllten sich mit Tränen. Es senkte den Kopf.

»Kehre ich eilenden Fußes zurück«, fuhr Madame von Bartmann gutmütig fort, »um mein Fleisch und Blut in Augenschein zu nehmen. Schau mich einmal an«, setzte sie hinzu und hob das Kinn des Kindes auf dem Handteller ein wenig zu sich empor. »Zehn, als ich dich das letztemal gesehen habe, und jetzt bist du eine Frau.« Mit diesen Worten ließ sie das Kinn des Kindes wieder sinken und zog ihren Handschuh wieder an.

»Komm«, sagte sie, »ich habe das Haus schon seit Jahren nicht mehr gesehen.« Während sie die dunkle Allee hinaufliefen, sprach sie.

»Steht die schwarze Marmorvenus noch in der Halle?«

»Ja.«

»Leben die Stühle mit den geschnitzten Beinen noch?«

»Nur noch zwei. Letztes Jahr hat Erna einen kaputtgemacht, und im vorletzten Jahr ...«

»Ja?«

»Habe ich einen kaputtgemacht.«

»Wenn Kinder größer werden«, bemerkte Madame von Bartmann dazu. »Na schön. Ist das große Bild noch da, das über dem Bett?«

Das Kind sagte kaum hörbar: »Das ist mein Zimmer.«

Madame von Bartmann zog erneut die Handschuhe aus, nahm die Lorgnette von ihrem Busen, hob sie vor die Augen und betrachtete das Kind.

»Du bist sehr dünn.«

»Ich bin doch im Wachstum.«

»Ich bin auch mal gewachsen, aber eher wie eine Taube. Nun ja, eine Generation kann nicht genau wie die andere sein. Du hast das rote Haar deines Vaters. Das«, sagte sie unvermittelt, »war ein schrulliger, verrückter Kerl, dieser Herr von Bartmann. Ich bin nie dahintergekommen, was wir eigentlich miteinander im Sinn hatten. Was dich angeht«, setzte sie hinzu, indem sie ihre Lorgnette zusammenklappte und die Handschuhe wieder anzog, »muß ich erst einmal sehen, was er aus dir gemacht hat.«

Am Abend in dem wuchtigen Haus mit den wuchtigen Möbeln beobachtete Richter ihre Mutter, wie sie, immer noch in Hut und getüpfeltem Schleier, auf dem ausladenden blanken Flügel spielte, hoch oben hinter dem Terrassenfenster. Es war ein Walzer. Madame von Bartmann spielte schnell, temperamentvoll, ihre juwelenbesetzten Finger sprühten Funken über die Tasten.

Im Dunkel des Gartens lauschte Richter Schubert, der die Lichtbahn der Fensteröffnung herabgeströmt kam. Dem Kind war jetzt kalt, und es erschauderte in dem langen Mantel, der die Kühle seiner Knie streifte.

Nach einem *finale* in der Manier der großen Oper schloß Madame von Bartmann schwungvoll den Flügel und trat einen Augenblick auf die Terrasse hinaus, wo sie die Luft einsog und die klobigen Glieder ihrer Kette befühlte, während ihr die Insekten waagerecht vor dem Gesicht hin- und herschossen.

Kurz danach kam sie in den Garten hinaus und setzte sich auf eine Steinbank, die Wärme verströmte.

Richter stand ein paar Schritte von ihr entfernt, näherte sich nicht und sagte auch nichts. Madame von Bartmann begann, obwohl sie das Kind gar nicht sehen konnte, zu sprechen, ohne sich dabei umzudrehen:

»Du warst immer hier, Richter?«

»Ja«, antwortete das Kind.

»In diesem Park, in diesem Haus, mit Herrn von Bartmann, den Hauslehrern und den Hunden?«

»Ja.«

»Sprichst du Deutsch?«

»Ein bißchen.«

»Laß mal hören.«

»Müde bin ich, geh' zur Ruh.«

»Französisch.«

»O nuit désastreuse! O nuit effroyable!«

»Russisch?«

Das Kind antwortete nicht.

»Ach!«, sagte Madame von Bartmann. Dann: »Warst du in Nizza?«

»Oh ja, schon oft.«

»Und was hast du dort gesehen?«

»Alles!«

Madame von Bartmann lachte. Sie beugte sich vor, den Ellenbogen auf das Knie, das Gesicht in die Handfläche gestützt. Ihre Ohrringe kamen zur Ruhe, das Summen der Insekten war deutlich und sanft; der Schmerz lag noch brach.

»Früher einmal«, sagte sie, »war ich ein Kind wie du. Dicker, gesünder – aber eben doch wie du. Ich mochte schöne Dinge. Allerdings«, setzte sie hinzu, »andere als du, stelle ich mir vor. Dinge, die lebensbejahend waren. Ich ging abends gern aus, nicht, weil der Abend süß und üppig war – sondern um mich zu ängstigen, weil ich das alles erst so kurze Zeit kannte und es nach mir noch so lange existieren würde. Doch das ...«, unterbrach sie sich, »ist nicht entscheidend. Erzähl mir, wie du dich fühlst.«

Das Kind im Schatten bewegte sich. »Ich kann nicht.«

Madame von Bartmann lachte wieder, brach dann jedoch abrupt ab.

»Das Leben«, sagte sie, »ist schmutzig. Und beängstigend ist es ebenfalls. Es enthält einfach alles: Mord, Schmerz, Schönheit, Krankheit – Tod. Weißt du das?«

Das Kind antwortete: »Ja.«

»Woher weißt du das?«

Das Kind antwortete abermals. »Ich weiß nicht.«

»Siehst du!«, fuhr Madame von Bartmann fort, »du weißt nichts. Du mußt *alles* wissen und *dann* beginnen. Du mußt ein ungeheures Verständnis haben, oder du fällst. Pferde tragen dich geschwind aus der Gefahr; Züge bringen dich dorthin zurück. Gemälde versetzen dem Herzen einen tödlichen Stich – sie hängen über einem Mann, den du liebtest und vielleicht in seinem Bett ermordet hast. Blumen betrüben das Herz, weil ein Kind in ihnen begraben wurde. Musik treibt uns in das

Grauen der Wiederholung. Die Kreuzwege sind dort, wo die Liebenden Schwüre ablegen, und die Schenken sind für die Diebe da. Nachdenken führt zum Vorurteil, und Betten sind Felder, auf denen Säuglinge eine aussichtslose Schlacht schlagen. Weißt du das alles?«

Aus dem Dunkel kam keine Antwort.

»Der Mensch ist verderbt von Anbeginn«, fuhr Madame von Bartmann fort, »verderbt von Tugend und Laster. Er wird von beiden erdrosselt und zunichte gemacht. Und Gott ist das Licht, das das sterbliche Insekt entzündet hat, um sich ihm zuzuwenden und an ihm zu sterben. Das ist sehr weise, doch man darf es nicht mißverstehen. Ich will nicht, daß du über irgendeine Hure in welcher Straße auch immer die Nase rümpfst; bete und wandle und vergehe, doch ohne Vorurteil. Ein Mörder mag weniger Vorurteile haben als ein Heiliger. Manchmal ist es besser, ein Heiliger zu sein. Halt dir nichts zugute auf deine Gleichgültigkeit, solltest du von Gleichgültigkeit gepackt werden, und«, sagte sie, »mißversteh den Wert unserer Leidenschaften nicht. Er ist nur die Würze des ganzen Grauens. Ich wünsche mir –« Sie sprach nicht zu Ende, sondern nahm ruhig ihr Taschentuch heraus und trocknete sich schweigend die Augen.

»Was?«, fragte das Kind aus der Dunkelheit.

Madame von Bartmann erschauderte. »Denkst du denn etwas?«, sagte sie.

»Nein«, antwortete das Kind.

»Dann *denke*«, sagte Madame von Bartmann laut und wandte sich dem Kind zu. »Denk alles, Gutes, Schlechtes, Gleichgültiges, alles, und *tu* alles, *alles*! Versuch herauszufinden, was du bist, ehe du stirbst. Und«, sagte sie, indem sie den Kopf zurücklegte und mit geschlossenen Augen schluckte. »komm als wohlgeratene Frau wieder zu mir.«

Dann stand sie auf und entfernte sich die lange Seitenallee hinab.

Am selben Abend zur Schlafenszeit rief Madame von Bartmann, die sich, rüschenbesetzt und lavendelduftend, bereits in einem Bett mit leinenem Rosenbaldachin zusammengerollt hatte, durch die Vorhänge hindurch:

»Richter, kannst du klavierspielen?«

»Ja«, antwortete Richter.

»Spiel mir etwas vor.«

Richter hörte, wie ihre Mutter sich wohlig und schwer im Bett herumdrehte.

Die dürren Beine nach den Pedalen gereckt, spielte Richter mit magerer Technik und leichtem Anschlag etwas von Beethoven.

»Bravo!«, rief ihre Mutter, und sie spielte noch etwas, und diesmal blieb es still im Himmelbett. Das Kind schloß den Flügel und zog den Samt über das Mahagoni, machte das Licht aus und trat, immer noch in seinem Mantel fröstelnd, auf die Terrasse hinaus.

Nach ein paar Tagen, während derer sie ihr mit scheuer, verängstigter und verletzter Miene ausgewichen war, trat Richter in das Zimmer ihrer Mutter. Sie sprach ohne Umschweife und beschränkte sich auf wenige Worte:

»Mutter, mit deiner Einwilligung würde ich gern meine Verlobung mit Gerald Teal bekanntgeben.« Ihr Auftreten wirkte gezwungen. »Vater schätzte ihn. Er kannte ihn schon Jahre. Wenn du erlaubst . . .«

»Allmächtiger!«, rief Madame von Bartmann und

fuhr auf ihrem Stuhl herum, »Wer ist das denn? Wie ist er denn?«

»Er ist bei der Regierung angestellt. Er ist jung . . .«

»Hat er Geld?«

»Ich weiß nicht. Vater hat sich darum gekümmert.«

In Madame von Bartmanns Zügen mischten sich Bestürzung und Erleichterung.

»Also gut«, sagte sie, »ich möchte euch beide um Punkt acht Uhr dreißig zum Abendessen sehen.«

Um Punkt acht Uhr dreißig saßen sie beim Abendessen. Madame von Bartmann, die am Kopf des Tisches saß, hörte sich an, was Mr. Teal zu sagen hatte.

»Ich werde mein Bestes tun, um Ihre Tochter glücklich zu machen. Ich bin ein eher beständiger Mensch und auch nicht mehr allzu jung«, er lächelte, »ich habe ein Haus am Stadtrand von Nizza. Mein Einkommen ist gesichert –, ein wenig hat mir zudem meine Mutter hinterlassen. Meine Schwester ist meine Haushälterin. Sie ist eine unverheiratete Dame, doch sehr fröhlich und sehr gutherzig.« Er schwieg einen Augenblick und hielt sein Weinglas gegen das Licht. »Wir hoffen, bald Kinder zu haben –, Richter wird beschäftigt sein. Da sie zart ist, werden wir jährlich einmal verreisen, nach Vichy. Ich habe zwei sehr schöne Pferde und eine stabil gefederte Kutsche. Sie wird nachmittags ausfahren, wenn sie nichts anderes zu tun hat –, ich hoffe allerdings, daß sie zu Hause am glücklichsten sein wird.«

Richter, die zur Rechten ihrer Mutter saß, blickte nicht auf.

Binnen zwei Monaten hatte Madame von Bartmann erneut ihr Reisekleid angelegt, steckte den Kopf unter

Hut und Schleier und zurrte ihren Schirm fest, während sie auf dem Bahnsteig stand und auf den Zug nach Paris wartete. Sie schüttelte ihrem Schwiegersohn die Hand, küßte ihre Tochter auf die Wange und stieg in ein Raucherabteil zweiter Klasse.

Sowie der Zug sich in Bewegung gesetzt hatte, zog Madame Erling von Bartmann langsam ihre Handschuhe durch die geschlossene Hand, von den Fingern bis zur Stulpe, und strich sie dann mit festem Griff über dem Knie glatt.

»Herrje, wie überflüssig.«

Löschung

Kennen Sie Deutschland, Madame, Deutschland im Frühling? Dann ist es zauberhaft dort, finden Sie nicht auch? Alles so großzügig und frisch, und die Spree, die sich schmal und dunkel vorwärtswindet – und die Rosen! Die gelben Rosen an den Fenstern. Und die strahlenden Amerikaner mit ihrer Gesprächigkeit, wie sie zwischen den Gruppen schwerfälliger deutscher Männer hindurchlaufen, die über ihre Maßkrüge hinweg ihre lebenslustigen, lachenden Frauen anstarren.

Solch ein Frühling war das vor drei Jahren, als ich von Rußland nach Berlin kam. Ich war gerade erst sechzehn, und mein Herz war das Herz einer Tänzerin. So ergeht es einem manchmal; monatelang ist das Herz nur das eine und dann auf einmal – nur noch etwas völlig anderes, *nicht wahr?* Ich saß häufig im Café am Ende der Straße ›In den Zelten‹, wo ich Eier aß und Kaffee trank und den plötzlich niedergehenden Regen der Spatzen beobachtete. Alle kamen gleichzeitig mit den Füßen auf dem Tisch auf, alle befreiten ihn gleichzeitig von Krümeln, und alle flogen gleichzeitig in den Himmel hinauf, so daß das Café ebenso plötzlich ohne Vögel war, wie es zuvor plötzlich voller Vögel gewesen war.

Manchmal kam eine Frau dorthin, etwa um dieselbe

Zeit wie ich, so um vier Uhr nachmittags. Einmal kam sie mit einem kleinen Mann, so einem verträumten, unsicheren. Doch ich muß Ihnen schildern, wie sie aussah: *Temperamentvoll* und groß, *kraftvoll* und dünn. Sie muß damals vierzig gewesen sein und war teuer und nachlässig gekleidet. Man hatte den Eindruck, daß sie Mühe hatte, die Kleider anzubehalten. Ständig schauten ihre Schultern heraus, verhakte sich ihr Rock irgendwo, verlegte sie ihren Geldbeutel, doch die ganze Zeit war sie grausam schmuckbehängt, und irgendetwas Absichtsvolles, Dramatisches verband sich mit ihrer Erscheinung, so als sei sie der Mittelpunkt eines Strudels und ihre Kleider seien bloß kurzlebiger Plunder.

Manchmal lockte sie die Spatzen, und manchmal sprach sie mit dem *Weinschenk*, und dabei verschränkte sie die Finger derart gewaltsam, daß die Ringe hervorstachen und man durch sie hindurchsehen konnte, sie war so lebendig und so deplaziert. Was ihren zierlichen kleinen Mann betraf, so sprach sie Englisch mit ihm, so daß ich nicht wußte, woher sie kamen.

Dann ließ ich mich in dem Café eine Woche nicht sehen, weil ich mich beim *Schauspielhaus* bewerben wollte. Ich hatte gehört, daß sie eine Tänzerin suchten, und mir war sehr daran gelegen, die Rolle zu bekommen, so daß ich natürlich an nichts anderes dachte. Ich wanderte ganz allein durch den *Tiergarten* oder bummelte die *Siegesallee* hinunter, wo all die Statuen der bedeutenden deutschen Herrscher stehen und wie Witwer aussehen. Dann plötzlich dachte ich an die *Zelte* und an die Vögel und an die große, eigenartige Frau, also kehrte ich dorthin zurück, und da saß sie, nippte an ihrem Bier und lockte die Spatzen.

Als ich das Café betrat, stand sie sofort auf und kam auf mich zu und sagte: ›Ja, guten Tag! Ich habe Sie vermißt. Weshalb haben Sie mir denn nicht gesagt, daß Sie wegwollten? Vielleicht hätte ich ja etwas dagegen unternehmen können.‹

So redete sie, mit einer Stimme, die einem ans Herz ging, weil sie so hell und rein war. ›Ich habe ein Haus‹, sagte sie, ›direkt an der Spree. Sie hätten bei mir bleiben können. Es ist ein großes, geräumiges Haus, und Sie könnten das Zimmer gleich neben meinem haben. Es ist nicht einfach zu bewohnen, aber es ist hübsch – italienisch, wissen Sie, wie die Interieurs auf den venezianischen Gemälden, wo die jungen Mädchen liegen und von der Heiligen Jungfrau träumen. Sie würden erleben, daß Sie dort schlafen können, weil Sie dazu ausersehen sind.‹

Irgendwie kam es mir gar nicht absonderlich vor, daß sie so auf mich zutrat und mich ansprach. Ich sagte, bestimmt würde ich ihr in diesem Garten bald wiederbegegnen, und dann könnten wir zusammen ›nach Hause‹ gehen, und sie schien zwar erfreut, aber nicht weiter überrascht.

Dann betraten wir den Garten eines Abends genau im selben Augenblick. Es war spät, und die Geigen spielten bereits. Wir setzten uns zusammen, ohne etwas zu sagen, und lauschten einfach nur der Musik und bewunderten das Spiel des einzigen weiblichen Orchestermitglieds. Gespannt verfolgte sie die Bewegungen ihrer Finger und schien geradezu einen langen Hals zu machen, um alles mitzubekommen. Dann stand die Dame mit einemmal auf, ließ ein paar Münzen auf den Tisch regnen, und ich folgte ihr, bis wir zu einem großen Haus kamen und sie die Haustür aufschloß. Sie wandte sich nach links und trat in ein dunkles Zimmer, machte das Licht an, setzte sich hin und sagte: ›Hier schlafen wir; so ist es hier.‹

Alles war unordentlich und kostspielig und melancholisch. Alles war gediegen und hoch oder breit und geräumig. Eine Kommode reichte mir bis über den Kopf. Der Porzellanofen war riesengroß und hatte ein blaues Blumenmuster. Das Bett war so hoch, daß man darin nur etwas erblicken konnte, das es zu bewältigen galt. Die Wände bestanden vollständig aus Bücherregalen, und alle Bücher waren in rotes Saffianleder gebunden und hatten auf dem Rücken ein goldgeprägtes Wappen, das verzwickt und einschüchternd aussah. Sie läutete nach dem Tee und begann, ihren Hut abzusetzen.

Über dem Bett hing ein gewaltiges Schlachtgemälde; Gemälde und Bett schlossen bündig gegeneinander ab, so daß die riesigen Rümpfe der Hengste erst in den Kopfkissen gezügelt wurden. Die Generäle schienen, so wie sie in ihren fremdländischen Helmen mit tropfenden Schwertern durch die Rauchwalzen und die blutigen Schlachtreihen der Sterbenden wüteten, einen Angriff gegen das Bett zu reiten, das so ausladend, so zerwühlt und verheert war. Die Bettücher schleiften, die Bettdecke hing zerrissen herab, und Federn trieben am Boden entlang und erzitterten unter dem Windhauch, der vom offenen Fenster kam. Die Dame lächelte auf eine traurige, ernste Weise, sagte jedoch nichts, und es verging eine ganze Weile, bis ich auf einmal ein Kind sah, nicht viel älter als drei Jahre, ein kleines Kind, das inmitten der Kissen lag und einen kümmerlichen Laut von sich gab, wie das Summen einer Fliege, und ich dachte, das sei eine Fliege.

Sie sprach nicht mit dem Kind, beachtete es im Grunde gar nicht, so als hätte es ohne ihr Wissen in ihrem Bett gelegen. Als der Tee hereingebracht wurde, schenkte sie ihn zwar ein, rührte ihn jedoch nicht an und trank stattdessen kleine Gläser Rheinwein.

›Ludwig haben Sie ja gesehen‹, sagte sie mit einer schwachen, kummervollen Stimme. ›Wir sind schon seit sehr langer Zeit verheiratet, er war damals noch ein Junge. Und ich? Ich bin Italienerin, habe aber Englisch und Deutsch gelernt, weil ich bei einem Tourneetheater war. Sie‹, sagte sie unvermittelt, ›Sie müssen das Ballett aufgeben – das Theater – die Schauspielerei.‹

Aus irgendeinem Grund empfand ich es nicht als merkwürdig, daß sie von meinem ehrgeizigen Wunsch wußte, wo ich doch noch gar nichts davon gesagt hatte. ›Und‹, fuhr sie fort, ›Sie sind nicht für die Bühne gemacht; sie sind für etwas Stilleres, Zurückgezogeneres geschaffen. Hören Sie, ich liebe Deutschland sehr, ich lebe hier schon seit etlichen Jahren. Sie werden bleiben, und dann werden Sie schon sehen. Sie haben Ludwig ja gesehen, Sie werden bemerkt haben, daß er nicht stark ist. Er läßt ständig den Kopf hängen, das kann Ihnen nicht entgangen sein. Man darf ihm keinen Kummer zumuten, er hält überhaupt nichts aus. Er hat sein eigenes Zimmer.‹ Sie schien auf einmal erschöpft und stand auf und warf sich übers Bett, am Fußende, und schlief fast augenblicklich ein, umflossen von ihrem Haar. Ich ging daraufhin weg, kehrte jedoch am selben Abend wieder zurück und klopfte an die Scheibe. Sie trat ans Fenster, machte mir ein Zeichen und tauchte gleich darauf an einem anderen Fenster auf und winkte mir, und ich schwang mich auf die Fensterbank und kletterte hinein, und es störte mich nicht, daß sie mir die Tür nicht aufgemacht hatte. Das Zimmer war nur vom Mond und von zwei dünnen Kerzen erhellt, die vor der Jungfrau brannten.

Es war ein schönes Zimmer, Madame, ›*traurig*‹, wie sie sagte. Alles war bedeutungsvoll und alt und düster. Die Bettvorhänge waren aus rotem Samt, italienisch, wissen Sie, und von Goldlitze umsäumt. Der Bettüberwurf war aus dunkelrotem Samt und mit der gleichen Litze eingefaßt. Am Boden neben dem Bett stand eine Fußbank, auf der ein rotes, quastenverziertes Kissen lag, und auf dem Kissen lag aufgeschlagen eine Bibel in italienischer Sprache.

Sie gab mir ein langes Nachthemd, das fiel bis zu den Füßen hinab und bauschte sich dann fast bis an die Knie. Sie öffnete mir das Haar, es war damals lang und gelb. Sie flocht es zu zwei Zöpfen; sie ließ mich neben sich niederknien und sagte ein Gebet auf Deutsch, dann eins auf Italienisch, schloß mit den Worten ›Gott segne dich‹, und ich ging zu Bett. Ich liebte sie sehr, weil es zwischen uns nichts gab als diese seltsame Vorbereitung aufs Zubettgehen. Sie ging dann aus dem Zimmer. Ich hörte das Kind weinen, war jedoch müde.

Ich blieb ein Jahr lang. Der Gedanke an die Bühne war aus meinem Herzen gewichen. Ich war eine *réligieuse*, eine Nonne geworden. Es war eine sanfte Religion, die mit dem Gebet begonnen hatte, das ich ihr an jenem ersten Abend nachgesprochen hatte, und mit der Art, wie ich schlafengegangen war, obwohl wir die Zeremonie niemals wiederholten. Sie wuchs unter dem

Einfluß der Möbel und der Atmosphäre des ganzen Zimmers und der Bibel, die an einer Seite aufgeschlagen lag, die ich nicht lesen konnte. Eine Religion, Madame, die keinerlei Entbehrung kannte, und vielleicht war sie demnach nicht gottgefällig und nicht, wie sie eigentlich hätte sein sollen. Ich war eben glücklich, und ich lebte dort ein Jahr lang. Ludwig sah ich fast nie und ebenso selten auch Valentine, denn so hieß ihr Kind, ein kleines Mädchen.

Am Ende jenes Jahres merkte ich jedoch, daß in anderen Ecken des Hauses Unruhe herrschte. Ich hörte sie des Nachts umherlaufen, und manchmal war Ludwig dann bei ihr, ich konnte ihn schreien und sprechen hören, doch ich konnte nicht verstehen, was er sagte. Es hörte sich nach einer Belehrung an, etwas, das von einem Kind wiederholt werden soll, doch wenn das so war, dann blieb die Antwort aus, denn das Kind gab nie einen Ton von sich, außer jenem summenden Schrei.

Manchmal ist es herrlich in Deutschland, Madame, *nicht wahr*? Es geht nichts über einen deutschen Winter. Sie und ich gingen gern am Kaiserpalais spazieren, und sie strich über die Kanonen und sagte, sie seien großartig. Wir sprachen über Weltanschauliches, denn sie hatte das Problem, daß sie zuviel nachdachte, doch sie kam immer zu demselben Schluß, daß man wie alle anderen auch sein oder zu sein versuchen müsse. Sie erklärte, so wie alle anderen zu sein, mit seinem ganzen Wesen und ohne Einschränkung, das heiße, heilig sein. Sie sagte, die Menschen verstünden nicht, was damit gemeint sei, wenn es heiße ›Liebe deinen Nächsten wie dich selbst‹. Es sei damit gemeint, sagte sie, daß man sein solle wie alle Menschen *und* man selbst, und dann sagte sie, man sei gleichzeitig am Ende und mächtig.

Manchmal sah es so aus, als käme sie zurecht, als sei sie durch und durch Deutschland, zumindest in ihrem italienischen Herzen. Sie wirkte so heillos gefaßt und dabei doch betrübt, daß ich mich vor ihr fürchtete und auch nicht fürchtete.

So verhielt sich das, Madame, sie schien es so haben zu wollen, obwohl sie nachts sehr konfus und zerstreut war, ich konnte sie in ihrem Zimmer umhergehen hören.

Dann kam sie eines Nachts herein und sagte, ich müsse zu ihr ins Zimmer kommen. Es war in einer entsetzlichen Unordnung. Es stand ein Kinderbett darin, das vorher nicht dagewesen war. Sie zeigte darauf und sagte, das sei für mich.

Das Kind lag in dem prächtigen Bett, gegen ein großes Spitzenkissen gelehnt. Inzwischen war es vier Jahre alt und lief doch nicht, und ich hörte es niemals irgendetwas sagen oder irgendeinen Laut von sich geben, außer jenem summenden Schrei. Es war schön auf diese unechte Weise, wie schwachsinnige Kinder schön sind. Ein heiliges Tier ohne Abnehmer, befleckt von Unschuld und öder Zeit, honigblond und schwach, wie jene zwergenhaften Engel auf frommen Drucken und Valentinskarten, wenn Sie verstehen, was ich meine, Madame, etwas, das für einen besonderen Tag aufgehoben wurde, der nicht kommen würde, überhaupt nicht fürs Leben, und meine Dame sprach unterdessen ruhig zu mir, doch ich kannte sie überhaupt nicht mehr.

»Du mußt jetzt hier schlafen«, sagte sie, »ich habe dich dafür hergeholt, falls ich dich brauchen sollte, und ich brauche dich. Du mußt hierbleiben, du mußt für immer hierbleiben.« Dann fragte sie: »Willst du?«, und ich sagte, nein, das könne ich nicht.

Sie nahm ihre Kerze hoch und stellte sie neben mir auf den Boden und kniete daneben nieder und schlang mir die Arme um die Knie. ›Bist du treulos?‹, sagte sie, ›Bist du in mein Haus, sein Haus, das Haus meines Kindes gekommen, um uns im Stich zu lassen?‹, und ich sagte, nein, ich sei nicht gekommen, um sie im Stich zu lassen. ›Dann‹, sagte sie, ›wirst du tun, was ich dir sage. Ich werde es dich lehren, langsam, ganz langsam. Es wird dich nicht überfordern, doch du mußt beginnen, zu vergessen, du mußt *alles* vergessen. Du mußt alles vergessen, was die Menschen dir erzählt haben. Du mußt alle Argumente und die Philosophie vergessen. Es war falsch von mir, von solchen Dingen zu sprechen. Ich dachte, es würde dich lehren, wie du in ihren Geisteszustand zurückfallen kannst, wie du die vergehende Zeit für sie auflösen, dich in ihre Entbehrung und ihre Enteignung hineinfinden könntest. Ich habe dich schlecht erzogen; ich war eitel. Du wirst es besser machen. Vergib mir.‹ Sie legte die Handflächen auf den Boden und hielt ihr Gesicht dicht vor meins. ›Du darfst niemals ein anderes Zimmer sehen als dieses. Es war eine große Eitelkeit, daß ich dich zum Spazierengehen mitgenommen habe. Jetzt wirst du hier drinbleiben, sicher aufgehoben, und du wirst schon sehen. Du wirst es mögen, du wirst lernen, es überhaupt am allermeisten zu mögen. Ich werde dir Frühstück bringen und Mittagessen und Abendessen. Ich werde es euch beiden persönlich bringen. Ich werde dich auf den Schoß nehmen, ich werde dich füttern wie ein Vogeljunges. Ich werde dich in Schlaf wiegen. Du darfst nicht mit mir streiten, – vor allem dürfen wir keine Auseinandersetzungen haben, keine Gespräche führen über den Menschen und sein Schicksal – der Mensch hat kein Schicksal – das ist mein Geheimnis, ich habe es dir bis heute verschwiegen, bis zu diesem Augenblick. Warum ich es dir nicht schon früher gesagt habe? Vielleicht habe ich dies Wissen eifersüchtig gehütet, ja, das muß es sein, doch jetzt schenke ich es dir, ich teile es mit dir. Ich bin eine alte Frau‹, sagte sie und hielt immer noch meine Knie umfaßt, ›als Valentine geboren wurde, war Ludwig noch ein Knabe.‹ Sie stand auf und trat hinter mich. ›Er ist nicht stark, er begreift nicht, daß die Schwachen das Stärkste auf der Welt sind, weil er einer von ihnen ist. Er kann ihr nicht helfen, sie sind unzugänglich für einander. Ich brauche dich, du mußt es sein.‹ Plötzlich begann sie, mit mir zu sprechen, wie sie mit dem Kind sprach, und ich wußte nicht, mit wem von uns beiden sie sprach. ›Sprich mir nie irgendetwas nach. Weshalb sollen Kinder nachsprechen, was die Leute sagen? Das Ganze ist nichts als ein Geräusch, so heiß wie das Innere eines Tigermauls. Sie nennen das Kultur – aber das ist eine Lüge! Doch eines Tages wirst du vielleicht hinausgehen müssen, wird irgendjemand dich auszuführen versuchen, und dann wirst du sie nicht verstehen oder was sie sagen, außer du verstehst gar nichts, absolut nichts, dann wirst du damit fertigwerden‹. Sie umkreiste mich, so daß sie uns ansah und mit dem Rücken zur Wand stand. ›Hör zu‹, sagte sie, ›es ist alles vorbei, es ist verschwunden, du brauchst keine Angst zu haben; es gibt nur dich. Die Sterne sind verloschen, und der Schnee fällt und deckt die Welt zu, die Hecken, die Häuser und die Lampen. Nein, nein!‹, sagte sie zu sich selbst, ›warte. Ich werde dich auf die Füße stellen und dich mit Bändern aufputzen, und dann werden wir hinausgehen, in den Garten, wo die Schwäne sind und die Blumen und die Bienen und kleine Tiere. Und dann werden die Studenten kommen, denn es wird Sommer sein, und die werden in ihren Büchern lesen –‹, sie brach ab, nahm dann jedoch ihre wilde Rede wieder auf, diesmal, als spräche sie wirklich zu oder von mir: ›Katya wird mit dir gehen. Sie wird dich unterrichten, sie wird dir sagen, daß es keine Schwäne, keine Blumen, keine Tiere gibt – *nichts*, absolut nichts, geradeso wie es dir gefällt. Keinen Geist, keinen Gedanken, auch sonst absolut nichts. Keine Glocken werden läuten, keine Menschen werden sprechen, keine Vögel werden fliegen, keine Knaben werden sich regen, es wird keine Geburt geben und keinen Tod; keinen Kummer, kein Lachen, kein Küssen, kein Weinen, kein Entsetzen, keine Freude; kein Essen, kein Trinken, keine Spiele, kein Tanzen; keinen Vater, keine Mutter, keine Schwestern, keine Brüder – nur dich, nur dich!‹

Ich unterbrach sie und sagte: ›Gaya, was quält dich nur so, und was soll ich tun?‹ Ich versuchte, die Arme um sie zu legen, doch sie schlug sie weg und schrie: ›Still!‹ Dann sagte sie, während sie mit ihrem Gesicht ganz nah an meins herankam: ›Sie hat keine Klauen, um daran zu hängen. Sie hat keinen jagdflinken Fuß; sie hat kein Maul für das Fleisch – *Leere*!‹

Dann, Madame, stand ich auf. Es war sehr kalt im Zimmer. Ich trat ans Fenster und zog den Vorhang beiseite, es war eine kalte, sternklare Nacht, und ich stand, den Kopf an den Fensterrahmen gelehnt, und sagte nichts. Als ich mich wieder umwandte, schaute sie mich an, mit ausgestreckten Händen, und ich wußte, daß ich weggehen und sie verlassen mußte. Und ich trat zu ihr und sagte: ›Auf Wiedersehen, my Lady.‹ Und ich ging und zog meine Straßenkleidung an, und als ich zurückkam, lehnte sie an dem Schlachtgemälde, mit herabgesunkenen Händen. Ich näherte mich ihr nicht, sondern sagte nur: ›Auf Wiedersehen, mein Herz‹, und ging.

Manchmal ist es schön in Berlin, Madame, *nicht wahr*? Mein Herz wurde von etwas Neuem bewegt, dem leidenschaftlichen Wunsch, Paris kennenzulernen, und so war es nur natürlich, daß ich Berlin *Lebewohl* sagte.

Ich ging zum letztenmal in das Café in den *Zelten*, aß meine Eier, trank meinen Kaffee und beobachtete das Kommen und Gehen der Vögel – erst alle auf einmal da, dann alle auf einmal weg. Ich war glücklich gestimmt, denn so ist das mit meiner Stimmung, Madame, wenn ich woanders hingehe.

Doch ein einzigesmal kehrte ich noch zu ihrem Haus zurück. Ich ging einfach nur durch die Tür hinein, denn alle Türen und Fenster waren geöffnet – vielleicht machten sie ja an dem Tag sauber. Ich stand vor der Schlafzimmertür und klopfte, doch es kam keine Antwort. Ich stieß die Tür auf, und da war sie. Sie saß aufrecht mit dem Kind im Bett, und sie und das Kind stießen diesen summenden Schrei aus, und zwischen ihnen gab es keinen menschlichen Laut, und wie gewöhnlich herrschte eine gewaltige Unordnung. Ich trat neben sie, doch sie schien mich nicht zu erkennen. Ich sagte: ›Ich gehe weg; ich fahre nach Paris. Ich habe große Sehnsucht, in Paris zu sein. Deshalb bin ich gekommen, um Lebewohl zu sagen.‹

Sie stand vom Bett auf und kam mit bis zur Tür. Sie sagte: ›Verzeih mir – ich habe dir vertraut – ich habe mich geirrt. Ich wußte nicht, daß ich es selbst tun konnte, doch du siehst ja, ich kann es selbst.‹ Dann legte sie sich wieder aufs Bett und sagte: ›Geh weg‹, und ich ging.

So ergeht es einem, wenn man reist, *nicht wahr*, Madame?«

La Grande Malade

Und da waren wir, meine Schwester Moydia und ich, Madame. Moydia war fünfzehn, und ich war siebzehn, und wir waren rundum jung. Moydia hat eine dünne, dünne Haut, so daß ich sitze und sie anschaue und mich frage, wie sie überhaupt Ansichten haben kann. Sie ist vollkommen weiß, bis auf die Backenknochen, die damals rosig waren: ihre Zähne sind Milchzähne, und sie ist ein zierliches Persönchen, sehr hübsch und possierlich. Sie wollte ›*tragique*‹ werden und ›*triste*‹ und ›schrecklich‹ zugleich, wie die großen Französinnen der Zeit, nur heftiger und vielleicht weniger *pure*, und dabei doch sterben und ihr Herz aufgeben wie eine Jungfrau. Es war eine edle, eine unsinnige Ambition, *n'est-ce pas*, Madame? Doch so stand es nun einmal um Moydia. Als wir in Norwegen waren, saßen wir immer in der Sonne und lasen Goethe und waren überhaupt nicht einverstanden mit ihm. ›Der Mann ist *pompeux* und zu *assuré*‹, sagte sie dann und kniff die Lippen zusammen, ›und viel, viel zu *facile*.‹ Doch dann sagen die Leute halt, wir verstünden nichts davon.

Wir sind Russinnen, Moydia und ich, und es war reiner Zufall, der entsetzlichste Zufall in unserem ganzen bisherigen Leben, daß wir überhaupt jemals erfahren haben, daß unsere Großmutter Jüdin war – und warum? Weil man ihr nichtsahnend *erlaubt* hatte, auf dem Totenbett Champagner zu trinken, und Juden ist Champagner doch verboten. Und weil sie nun sozusagen verdammt war (zum Sterben und obendrein wegen der ›Erlaubnis‹), zwang sie Mutter, ebenfalls Champagner zu trinken, so daß sie schon als Lebende verdammt wäre wie die Sterbende im äußersten Falle. So sind wir denn Jüdinnen und keine Jüdinnen. Wir sind das, *wo* wir sind. Wir sind Polinnen, wenn wir in Polen sind, und wenn wir in Holland sind, sind wir Holländerinnen, und jetzt in Frankreich sind wir Französinnen, und eines Tages werden wir nach Amerika gehen und Amerikanerinnen sein, warten Sie nur ab, Madame.

Mittlerweile habe ich das ganze Polnisch vergessen, das ich konnte, und das ganze Russisch, das ich konnte, und das ganze Holländisch, außer allerdings einem Gedicht. Ach, dies Gedicht! Dies winzige Gedichtchen! Es geht einem so ans Herz, so ein schwermütiges, süßes Stückchen Sprache. Es erfüllt einen von Kopf bis Fuß mit Mitleid, weil es zwar vollständig, aber verstümmelt ist, wie eine griechische Statue, und dennoch ein Ganzes, wie ein Leben, Madame.

Nun bin ich nach Paris gekommen, und ich respektiere Paris. Anfangs respektierte ich es in einem großen Hut. Ich bin klein, und ein großer Hut stand mir eigentlich gar nicht, doch ich trug ihn aus Respekt. Es war ein einziger Wirrwarr aus Blumen und einer protzigen Feder; er umstand mein Gesicht, so daß es sich inmitten eines Gartens befand. Mittlerweile trage ich ihn nicht mehr. Ich mußte in meinem Wissen zurückgehen, geradenwegs zurück bis zu der Stelle in meiner Erinnerung, wo ich meinen Vater anschaue und sehe, wie er aussah, wenn er aus dem Schnee hereinkam. Damals sah ich ihn nicht wirklich. Jetzt sehe ich hingegen, daß er die ganze Zeit, als ich mir keinerlei Gedanken über ihn machte, wahrhaft schön war – mit seiner Breitschwanzmütze, dem Rock mit Schnürbesatz, mit all den silbernen Knöpfen und den hohen, spiegelblanken Stiefeln, die seine Beine unmittelbar unter dem Knie umschlossen. Dann denke ich an das Fenster, von dem ich herunterblickte und die Rundung jenes Hutes sah, – eines wunderbaren, eines geheimnisvollen roten Filzhutes. Also trage ich meine Hüte aus Respekt für jenen Mann klein. Irgendwann, wenn ich Geld habe, werden meine Schuhe höher sein und mir bis zum Knie reichen. Das ist mein persönlicher Weg, Madame, doch es ist nicht dasselbe mit Moydia. Sie hat eine *großartige Erinnerung, die zur Gegenwart gehört,* und die dreht sich ausschließlich um ein Cape, und folglich trägt sie jetzt ein Cape, bis etwas noch Gebieterischeres das Cape vertreibt. Doch das muß ich erklären.

Zunächst einmal sind wir ja sehr jung, wie schon gesagt, und deshalb wird man auch sehr rasch *tragique*, wenn man tüchtig ist, stimmt das nicht? Also war Moydia, die doch zwei Jahre jünger ist als ich, fast sofort erschöpft.

Sie wissen doch, wie das in Paris ist im Herbst, wenn der Sommer sich gerade vom Laub trennt. Ich war mit Moydia zwei Herbste lang hiergewesen; der erste war traurig, ohne einem das Herz schwer zu machen, so wie das eben ist, wenn alle Geliebten, die man hat, trotz der Kälte leben. Wir gingen in den Tuilerien spazieren, ich mit meinem Käppchen und Moydia in einem flauschigen Mantel, denn die Art Mantel trug sie damals gerade, und wir kauften uns vor dem Kasperletheater rosa und blaue Bonbons und lachten, wenn die Puppen einander hauten, und dabei war Moydias Gesicht unter der zitronenduftenden Haut ganz angespannt, und die Tränen liefen ihr aus den Augen, als wir fanden, wie vollkommen das alles war, die Puppen mit ihrem Gehaue und die Bäume, die kahlen, und der Boden, der zugeschüttelt war von ihrem Laub – und dann der Teich. Wir blieben am Teich stehen. Das Wasser war bis zum Rand voll mit Wasserlilienkissen, und Moydia sagte, es sei eine Schande, daß die Frauen sich in die Seine stürzten, nur um in deren Gram einzugehen, statt sich in einen genau richtigen Teich wie diesen zu werfen, wo das Wasser ein Teil von ihnen würde. Wir grämten uns ungeheuer darüber, daß die Menschen nicht in Schönheit lebten oder starben und auch überhaupt nichts planten, und wir erklärten auf der Stelle, daß wir es besser machen würden.

Danach bemerkte ich, fast sofort, daß Moydia ein wenig zu dekorativ geworden war. Sie streute sich den Zucker aus zu großer Höhe in den Tee, und sie sprach sehr schnell. So war das mit meiner Schwester Moydia in jenem Herbst.

Und natürlich wurden wir plötzlich ungeheuer raffiniert. Wir hängten uns zwei lange Spitzenvorhänge über die Betten, und wir sprachen von Liebhabern, und wir rauchten. Und ich? Ich ging in Seidenhosen umher, aus Respekt für China, das ja ein gewaltiges Land ist und *majesté* besitzt, weil man es nicht kennen kann. Es ist wie ein dickes Buch, das man zwar lesen, nicht aber verstehen kann. Also erzähle ich Moydia von

China; und wir hielten drei Vögel, die nicht sangen, als Symbol des chinesischen Herzens. Und Moydia lag auf ihrem Bett und wurde immer ruheloser, wie eine Geschichte, die keinen Anfang und kein Ende kennt, nur eine Leidenschaft, wie aufzuckende Blitze.

Immerfort strampelte sie mit den Beinen und zerriß sie Spitzentaschentücher und weinte sie in ihr Kissen, doch wenn ich sie fragte, weshalb sie das alles täte, dann setzte sie sich mit einem Ruck auf und wimmerte: ›Weil ich *alles* will und mich in der Jugend verzehren!‹

So wußte sie eines Tages dann alles. Obwohl ich zwei Jahre älter bin als Moydia, ist es mit mir anders. Ich lebe langsamer, nur Frauen hören mir zu, doch Moydia beten die Männer an. Sie hören ihr nicht zu, sie schauen. Sie schauen sie an, wenn sie sich hinsetzt und wenn sie geht. Mit einemmal begann sie, völlig anders zu gehen und sich hinzusetzen. All ihre Bewegungen waren eine Art *malheureuser* Sturm. Sie hatte ihren Liebhaber, und sie lachte und weinte, das Gesicht nach unten gekehrt, und wimmerte dabei: ›Ist es nicht herrlich?‹ Und vielleicht war es tatsächlich herrlich, Madame. Von all ihren Bewunderern hatte sie den Berühmtesten gewählt, keinen anderen als Monsieur X. Seine große Bekanntheit hatte ihn abgezehrt. Er kleidete sich sehr *soigneusement*, weiße Handschuhe, wissen Sie, und Gamaschen und ein Cape, eine sehr kleidsame Angelegenheit mit einem Militärkragen; und er war *grave* und *rare* und starrte einen mit dem einen Auge überhaupt nicht an, aber das andere, das blickte aus einem Monokel heraus, wie das lidlose Auge eines Fisches in tiefem Wasser. Er war der *protégé* eines Barons. Der Baron hatte ihn sehr gern und nannte ihn seinen ›*Poupon prodigieux*‹, und sie spielten zur Unterhaltung des Faubourg Farcen. So verhielt sich das mit Monsieur X, jedenfalls in seiner Glanzzeit, als er, sagen wir ruhig, die *belle-d'un-jour* und damit beschäftigt war, Fabeln über Gott und die Welt zu schreiben, doch beendete er die Geschichten stets mit einigen Absätzen gegen die Frauen, *très âcres*.

Moydia begann, sich eine gutturale Stimme zuzulegen. Sie wurde eine *habituée* der Oper; entfesselt umflatterte und umtänzelte sie Monsieur X während der Pause, zerpflückte dabei ihre Blumen und verstreute sie überallhin und trällerte: *›Je suis éternellement!‹* Das Publikum sah das mit Mißvergnügen, doch der Baron war entzückt.

Weil meine Schwester und ich schon immer viel zusammengewesen waren, waren wir auch jetzt viel zusammen. Zuweilen besuchte ich den Baron mit ihr und hatte viele erbauliche Stunden, indem ich die beiden einfach nur beobachtete. Wenn der Baron Gäste hatte, war er sehr heiter und verstand sich glänzend auf eine Art gealterter Unreife, und Moydia spielte dann das Kätzchen oder die große Dame, wie es der Anlaß erforderte. Wenn er sie einen Augenblick lang zu vergessen schien, wurde sie zur *gamine,* streckte ihm die Zunge heraus, wenn er ihr den Rücken zukehrte, und zischte: *›Ah, tu es belle!‹*, woraufhin er sich umdrehte und lachte, und sie wiederum fiel ihm in den Schoß, mit allem was sie hatte, ganz steif und *enragée*. Und dann mußte er sie lange Zeit streicheln und sie mit seiner hohen, abgenutzten femininen Stimme fragen, was los war. Und einmal wollte sie die Augen nicht öffnen, sondern kreischte und ließ ihn ihr Herz fühlen, indem sie sagte:

›Schlägt dies Geschöpf nicht gräßlich?‹, und er fragte in flehentlichem Ton: ›Weil, weil?‹

Dann klatschte sie in die Hände und brach in Tränen aus und schrie: ›Ich verkörpere zuviele Schicksale für Sie. Ich bin Marie auf dem Weg zur *guillotine*. Ich bin Bloody Mary, doch ich habe kein Blut gesehen. Ich bin Desdemona, doch Othello – wo ist der? Ich bin Hekuba und Helena. Ich bin Gretchen und Brünhild, ich bin Nana und Camille. Doch ich bin nicht so gelangweilt, wie sie es sind! Wann werde ich mich *richtig* langweilen?‹

Er langweilte sich und schob sie von seinem Knie herunter. Sie stürzte sich auf ihn und zerrte an seinen Kleidern und zerriß ihm die Handschuhe und sagte seelenruhig: ›Ich kann mich nur wundern, wie ich Sie so gar nicht liebe.‹

Doch wenn wir nach Hause kamen, mußte ich sie zu Bett bringen. Sie zitterte und lachte, und sie schien Fieber zu haben.

›Hast du sein Gesicht gesehen? Das ist ein Untier! Ein Produkt der *malaise*. Er *will*, daß ich sein Sakristan bin. Er hätte gern, daß ich ihn beerdige. Da bin ich mir sicher. Katya, bist du dir nicht auch sicher? Er ist eine alte Seele. Er ist an seinem sterblichen Ende angelangt. Er ist ekelhaft vor lauter *finis*. Doch der Tod hat ihm einen Aufschub gewährt. Oh!‹, schrie sie, ›Ich bete ihn an! Ich bete ihn an! Ich bete ihn an! Oh, ich bete ihn an!‹ Und sie weigerte sich solange, ihn zu sehen, bis er schier rasend wurde und selbst zu ihr kam. Sie rannte das ganze Treppenhaus hinunter vor ihm her. Ich konnte das scharfe Knallen ihrer Absätze und ihre lispelnde Stimme hören, als sie zitierte: ›*Le héron au long bec emmanché d'un long cou*‹, sie trällerte es, als sie die letzte Stufe hinunter in den Tag hineinsprang, und dann rief sie: ›*C'est la fontaine, la fontaine magnifique!*‹ Und man konnte seinen Rohrstock hinterdrein tappen hören.

Dann, letzten Herbst, ehe der Winter anbrach (Sie waren damals nicht hier, Madame), war Moydia nach Deutschland gefahren, um Papa zu besuchen, und die ganze Nacht vor ihrer Abreise hatten wir zusammengesessen, wir drei, Moydia, ihr Liebhaber und ich. Wir tranken viel zuviel. Ich sang mein holländisches Lied und sprach ausgiebig, redete wirres Zeug über Vater und seine Mütze und seine Stiefel und den wundervollen Rock, den er hatte. Das gefiel Moydia, und es gefiel auch mir, doch Monsieur X kamen wir wahrscheinlich wie Bettler vor, die sich an verflossenes Gold erinnerten. Also tanzte ich einen Tatarentanz und wütete, weil meine Stiefel mir nicht bis an die Knie gingen, und die ganze Zeit saß Moydia an die Schulter ihres Liebhabers gelehnt, beide miteinander verschmolzen, als seien sie ein Emblem. Doch als ich herumzuwirbeln aufhörte, rief er mich zu sich und flüsterte, eines Tages würde ich ein Paar großartige Stiefel bekommen, was mich mit großer Freude erfüllte. Doch Moydia sprang auf. ›Ich liebe doch diesen Mann nicht, diesen Cookoo, hm?‹ Sie nannte ihn immer Cookoo, wenn sie ihn am liebsten hatte, so als spräche sie von jemand anderem. ›Ich liebe Cookoo nur, wenn ich betrunken bin. Deshalb liebe ich ihn jetzt überhaupt nicht, weil ich überhaupt nicht betrunken bin. Oh doch, wir russischen Frauen trinken ungeheuer viel, aber zum Nüchternwerden – das berücksichtigen die anderen Völker dabei nicht! Stimmt das nicht, Katya? Das liegt daran, daß wir so extravagant sind, daß wir keine Gerechtigkeit anstreben ... Wir streben Poesie an. Du betest mich zwar an, weißt du‹, sagte sie zu ihm, ›und ich *lasse* dich, doch so ist das nun mal mit polnischen Frauen.‹

›Russischen‹, verbesserte er sie und saß und starrte durch die Rundung seines Monokels nur die Wand an.

Nun gut, Moydia fuhr also nach Deutschland, um Papa zu besuchen, der jetzt Handelsreisender ist und Diamanten kauft und verkauft. Er will uns kein Geld schicken, wenn er uns nicht wenigstens einmal im Jahr zu sehen bekommt. So ist er eben. Er sagt, er will nicht, daß seine Mädchen zu irgendetwas heranwachsen, für das er ungern bezahlt. Manchmal schickt er Geld aus Rußland, manchmal aus Polen, manchmal aus Belgien, manchmal aus England. Er sagt immer, eines Tages käme er auch nach Paris, doch er kommt nicht. Es ist sehr verwirrend, soviele Sorten Geld zu bekommen, wir wissen nie, was wir ausgeben dürfen, wir müssen sehr vorsichtig sein; vielleicht ist das ja die Idee dabei. Doch in diesem Augenblick hatte Moydia jede Vorsicht aufgegeben. Sie kaufte sich ein neues Kleid, um Monsieur X zu gefallen und um darin zu reisen und um Vater nicht zu beunruhigen – alles gleichzeitig. Es war also ein raffiniertes Kleid, sehr geschickt gewählt und rührend. Es bestand ganz aus gepunktetem *suisse*, es hatte ein sehr enganliegendes Mieder, und auf dies Mieder war, genau zwischen den Brüsten, in sehr feinem Twist ein geschlachtetes Lamm gestickt. Das mochte alles bedeuten, Sie verstehen schon, oder auch gar nichts, und es konnte Vater und Liebhaber gleichermaßen erfreuen.

Nachdem sie weggefahren war, saß ich jeden Nachmittag im Café und wartete auf ihre Rückkehr. Sie sollte nicht länger als zwei Wochen wegbleiben. Das war der Herbst, in dem ich eine große Traurigkeit verspürte, Madame, ich las eine Menge und ging in den Tuilerien spazieren und besuchte wieder den Teich und trat unter die Bäume, wo die Luft kühl war, und es gab ganz viele Menschen, die nicht fröhlich zu sein schienen. Der Herbst ist im vorigen Jahr anders verlaufen; er war schon im September bedrückend gewesen – es war, als käme von weit her ein Katafalk nach Paris herein und jedermann wüßte das. Die Männer knöpften sich die Mäntel bis oben hin zu, und die Frauen hielten die Sonnenschirme schräg, wie gegen den Regen.

So vergingen zehn Tage, und die Jahreszeit hing lastend in einem Dunst, der fast alles andere auslöschte. Man konnte kaum die Seine erkennen, wenn man über die Brücken lief, die Statuen in den Parks hatten sich gänzlich zurückgezogen, und die Wachen sahen aus wie Puppen in Schachteln, der Boden war ständig feucht, die *brasiers* in den Cafés brannten mit aller Kraft. Dann wußte ich, plötzlich wußte ich – Moydias Geliebter lag im Sterben! Und er starb tatsächlich in derselben Nacht. Er hatte sich an dem Abend, als Moydia abgereist war, eine Erkältung zugezogen, und die war immer schlimmer geworden. Es hieß, der Baron sei ständig bei ihm gewesen, und als der Baron gesehen habe, daß Monsieur X wirklich sterben würde, habe er ihn dazu bewegt zu trinken. Sie tranken die ganze Nacht miteinander und bis in den Morgen hinein. Der Baron wollte es so haben: ›Auf diese Weise‹, sagte er, ›kann er vielleicht sterben, wie er geboren ist, ohne es zu wissen.‹

Ich ging also schnurstracks zum Haus des Barons und

zu seiner Tür hinauf und pochte –, doch er wollte mich nicht einlassen. Er sagte durch die Tür hindurch, Moydias Liebhaber sei noch am selben Morgen beerdigt worden, und ich sagte: ›Geben Sie mir etwas für Moydia‹, und er sagte: ›Was soll ich Ihnen denn geben?‹, und er setzte hinzu: ›Er hat nichts hinterlassen als einen unsterblichen Namen!‹ Und ich sagte: ›Geben Sie mir sein Cape.‹ Und er gab mir sein Cape, durch den Türspalt unter der Kette hindurch, doch er sah nicht zu mir hinaus, und ich ging weg.

Am Abend kam Moydia aus Deutschland zurück. Sie hatte entsetzliches Fieber und sprach sehr schnell, wie ein Kind. Sie wollte unverzüglich zu Monsieur gehen. Ich hatte alle Mühe, sie zu Hause zu halten. Ich steckte sie ins Bett und machte ihr Tee, doch ich konnte es nicht für mich behalten, also brachte ich ihr das Cape und sagte: ›Cookoo ist tot, und das ist sein Cape, und es ist für dich.‹ Sie sagte: ›Wie ist er gestorben?‹, und: ›Warum?‹

Ich sagte: ›Er ist in der Nacht krank geworden, wo du weggefahren bist, er bekam Fieber, und das ging nicht wieder weg, also hat der Baron sich zu ihm gesetzt, und sie haben die ganze Nacht getrunken, so daß er sterben konnte, wie er geboren war, ohne es zu wissen.‹

Moydia begann, mit beiden Händen aufs Bett zu schlagen, und sagte dazu: ›Dann laß uns auch trinken, und ich bete zu Gott, daß ich denselben Tod sterbe!‹ Wir saßen die ganze Nacht und tranken und redeten irgendwelches Zeug. Gegen Morgen sagte sie: ›Da habe ich ja jetzt ein großartiges Leben!‹, und sie weinte und ging schlafen, und am anderen Mittag war sie ganz gesund.

Und jetzt, Madame, trägt sie es immer. Das Cape. Die Männer bewundern sie darin, und tatsächlich sieht sie sehr gut darin aus, finden Sie nicht auch? Sie ist rascher gewachsen als ich, man sollte eigentlich meinen, sie sei die Ältere, nicht? Sie ist heiter, verwöhnt, *tragique.* Sie zuckert ihren Tee aus zu großer Höhe. Und das ist alles. Mehr gibt es nicht zu erzählen, außer – in dem *débâcle* gerieten meine Stiefel ganz in Vergessenheit. Am nächsten Tag brachten alle Zeitungen Seiten um Seiten über Monsieur X, und auf allen Seiten trug er ein Cape. Wir, Moydia und ich, lasen sie gemeinsam. Vielleicht hat man ja sogar in Amerika etwas über ihn gedruckt? Wahrhaftig, wir sprechen ein bißchen Französisch, da müssen wir zusehen, daß wir weiterkommen.«

Eine Nacht mit den Pferden

Bei Anbruch der Abenddämmerung im Sommer jenes Jahres kroch ein Mann im Abendanzug mit Zylinder und Stöckchen auf Händen und Knien durch das Gesträuch, das das Weideland des Bucklerschen Gutes säumte. Ihm schmerzten die Handgelenke von seinem Gewicht, und er setzte sich hin. Zudringliche Kletterpflanzen, wohin er auch blickte; sie erklommen die Bäume, die Zaunpfähle, sie waren überall. Er spähte durch das dichte Gewirr der Zweige und erblickte eine Gruppe weißstämmiger Birken, die vor der Dunkelheit schimmerten wie Zähne in einem Schädel.

Er konnte hören, wie das Tor in seinen Angeln knirschte, wenn der Wind dagegenschlug. Sein Herz bewegte sich mit der Erde. Ein Frosch ließ seinen quakenden, unwiederbringlichen Ruf hören; der Mann rang nach Atem, die Luft war drückend heiß, als berge er sich in einer Höhle des Erstaunens.

Er wäre gern eingenickt; stattdessen legte er jedoch Hut und Stöckchen neben sich, strich die Rockschöße unter sich glatt, legte sich flach auf den Rücken und wartete. Eine rasche Bewegung erschütterte den Boden. Unvermittelt begann er, warnend zu beben, und er fragte sich, ob das von seinem Herzen kam.

Weit weg blinkte eine Lampe im Fenster, als die Zweige gegen den Wind schwangen; der Geruch zerdrückter Gräser, der sich mit dem schwachen, beruhigenden Stallgeruch mischte, fächelte empor und verflüchtigte sich nordwärts.

Das Beben setzte sich fort, es lief unter seinem Körper hindurch und stürzte dann in die Erde hinab.

Er richtete sich auf. Er setzte den Hut auf den Kopf und stemmte den Rohrstock zwischen seinen gespreizten Beinen gegen den Boden. Jetzt spürte er nicht nur das Beben der Erde, sondern bekam auch das gedämpfte, hörnerne Geräusch von Hufen mit, die gegen die Grasnarbe schlugen, wie ein Freund dem anderen auf den Rücken schlägt, hart, aber ohne Böswilligkeit. Sie waren auf seiner Seite angelangt, als sie die Kurve der Willow Road nahmen. Er preßte die Stirn gegen das Gatter.

Das leise, bedrohliche Geräusch steigerte sich, wie sich Hitze steigert; die Pferde donnerten mit gestreckten Hälsen an ihm vorbei, und ihre Beine hoben und senkten sich wie wilde, planlos stichelnde Nadeln.

Er sah, wie ihre Bäuche sich hin- und herwarfen und die Stangen des Zauns streiften, während sie vorbeischwenkten. Keuchend erhob er sich auf seiner Seite der Barriere. Sein Fuß verfing sich in der kriechenden Fichte, und er stürzte zu Boden, wobei er sich den Kopf an einem Baumstumpf aufschlug. Blut rann ihm vom Schädel. Wie eine rote Mähne lief es ihm in die Augen, und er strich es mit dem Handrücken weg, als er seinen Hut aufsetzte. In dieser Haltung wurde er von den stampfenden Hufen durchgerüttelt wie ein Kind auf einem Knie.

Als nächstes suchte er nach seinem Stock und fand

ihn im Farn verhakt. Eine wächserne Winde streifte seine Wange, als er sich niederbeugte. Er ließ die Zunge daran entlanggleiten und knipste sie mit den Zähnen durch. Wie er sich auch bewegen mochte, das Gras war ständig unter ihm und knackte mit Zweigen und Zapfen. Eine Eichel fiel aus dem weich niederrieselnden Puder des Waldes herab. Er hob sie auf, und während er sie zwischen Zeigefinger und Daumen hielt, kehrten seine jagenden Gedanken zu der Szene mit der Hausherrin zurück, denn als was hätte man sie sonst bezeichnen können, wenn nicht als ›die Hausherrin‹, Freda Buckler, die zierliche, temperamentvolle Frau, die eine Trommel als Herz und einen Spielzeugkörper hatte, der alles unterstand, die schnurrte, durchdrungen von Schamlosigkeit, ein mechanisches Schnurren, das ihr die Menschlichkeit austrieb.

Er blies gegen seinen Schnauzbart. Freda mit diesem ärgerlichen gelben Schleier! Er erklärte ihr, er sei ›ärgerlich‹, er erklärte ihr, er sei ›schamlos‹, nichts als ein Mittel der Verführung. Er blies die Backen auf und pustete sie an, als sie vorbeiging. Sie lachte, strich ihm über den Arm, warf den Kopf zurück, die Nüstern leuchtend rot bis obenhin. Sie waren am Ende gemeinsam ausgeritten, eine Stiefellänge Abstand zwischen sich, sie nicht größer als eine Grille. Zutiefst unglücklich hatte er seinem Pferd die Sporen gegeben, und sie hatte gesagt: »Sachte, John, sachte!« und ihren breiten brennenden Mund gezeigt. »Du kannst doch nicht das *ganze Leben lang* ein Stallknecht bleiben! Pferde!«, schnaubte sie verächtlich. »Ich mag Pferde, aber . . .« Er hatte seine Reitgerte sinken lassen. »Es gibt noch andere Dinge. Du kannst nicht einfach immer weiter Reitknecht bleiben, nicht mit soviel Anmut, und du weißt es. Ich werde einen Gentleman aus dir machen. Ich führe dich auf eine Stufe, wo man nicht länger ein ›Ding‹ ist. Du wirst sehen, du wirst es genießen.«

Er hatte sich hinübergelehnt und mit seiner Peitsche nach ihrem Stiefel geschlagen. Sie erwischte sie am Knie, der Fuß flog in seinem Steigbügel auf, als tanzte sie.

Und das kleine Biest war entzückt! Sie trabten eine Weile weiter, und sie trabten zurück. Er half ihr beim Absitzen, und sie schwebte davon, mit nachflatterndem gelbem Schleier, und rief ihm über die Schulter zu:

»Du wirst es *lieben*!«

Noch ehe sie es einen Monat lang so getrieben hatten (indem sie einander aus der Fassung brachten, einander hierhin und dahin zerrten, jagend und gejagt), wurde daraus ein Spiel bar jeden Vergnügens. Verderbte Dame, verderbter Stallknecht, auf den Schwingen des Taumels.

In was zog sie ihn da hinein? Er schrie, brüllte, knallte mit der Peitsche – was stellte sie sich vor, was sie wollte? Die Art Frau, die nicht die Wahrheit sagen kann; die Wahrheit rann aus ihr heraus und floh sie, als wären ihre Adern Pipetten, die der Teufel hineingesteckt hatte; und wenn er trank, dann blähte er sich auf und wurde eine Beute des Stolzes, er schwemmte ihn hinweg. Er sah sie in jedem Spiegel hinter sich stehen, sie folgte ihm von Schaustück zu Schaustück, sie tauchte neben ihm auf, führte ihn umher, ihre Hand unter seinem Ellenbogen.

»Du wirst zum Generalgouverneur aufsteigen – nun, sagen wir, zum Inspekteur ...«

»Inspekteur!«

»Was dir lieber ist, sag meinethalben Rittmeister – sag Kavallerieoffizier. Auch wieder Pferde, Leder, Peitschen . . .«

»Oh mein Gott!«

Sie wieherte nahezu, als sie auf dem Absatz herumfuhr:

»Mit einer breiten, flachen, edlen Brust«, sagte sie, »du wirst mit Ehrenzeichen gepflastert sein . . . Bedeckt sein davon . . . Du wirst nicht länger Trübsal blasen . . .«

»Hören Sie auf!«, schrie er, »Ich bin *gerne* gewöhnlich!«

»Bei einer derart behenden Taille werden die Hörner dich verfehlen.«

»Was für Hörner?«

»Das Dilemma.«

»Ich könnte Sie schon zum Schweigen bringen, und zwar gründlich, wenn ich wollte!«

Sie war amüsiert. »In die Enge getrieben?«, fragte sie.

Sie quälte ihn, sie wußte es. Sie quälte ihn mit ihren ›kulturellen‹ Gegenständen. Das Knie auf eine Ottomane gestützt, hielt sie die zerbrechlichste Miniatur empor, ihm entgegen, ein Stück Elfenbein in der hohlen Hand, mit der sie es von der Sonne weghielt, und sagte: ›So schau doch nur, schau doch!«

Er legte die Hände auf den Rücken. Sie trieb ihm das aus. Sie forderte ihn auf, uralte Meßbücher in die Hand zu nehmen, Märchenbücher, alle hübsch gearbeitet, alle in rotbraunen Rips gebunden. Sie breitete Landkarten aus und zeigte, indem sie mit einer langen Hutnadel über Berge und Klüfte fuhr, »nur mal eben, wo sie gewesen war«. Wie eine trockene Schnecke wanderte die

Spitze die Küste entlang, bis sie auf einmal, indem sie den Stahl hineinbohrte, *»Borgia!«* rief und dastand und mit einem Ring voller uralter Schlüssel klapperte.

Seine Besorgnis wuchs im Verein mit seiner Neugierde. *Wenn* er sie nun heiratete – nachdem er sie geheiratet *hatte,* was denn dann? Wo stünde er, nachdem er ihre verrückte Laune befriedigt hätte? Was würde sie am Ende aus ihm machen, mit einem Wort, was würde sie von ihm übriglassen? Nichts, absolut nichts, nicht einmal seine Pferde. Da hätte man einmal einen verdammten Idioten. Er würde nach Freda nirgends mehr hinpassen, er wäre weder, was er war, noch was er gewesen war; er wäre ein *Ding,* halb stehend, halb hokkend, wie jene Figuren unter den Dächern historischer Gebäude, die Ruhestellung der Verdammten.

Er hatte sie oft angeschaut, ohne sie zu sehen. Nach einer Weile begann er, sie mit großer Aufmerksamkeit zu betrachten. Nun ja! Wirklich ein maushaftes Frauchen mit hellem, hübschem Haar, das ihr wie Insektenfühler in den Nacken fiel und sich regte, wenn der Wind sich regte. Sie huschte und tänzelte zuviel umher, immer mit der bewußtlosen Intensität eines mechanischen Spielzeugs, das über den Boden ruckte und schurrte.

Und sie war ihm immer um ein, zwei Schritte voraus oder strich ihm, um Armeslänge von ihm entfernt, gerade nur so über den Arm, oder sie kam wie ein Windstoß herein und legte ihr spitzes kleines Kinn auf seine Schulter, wobei sie langsam wieder entschwebte – nur, damit er über sie stolperte, wenn er sich umwandte. Und an diesem speziellen Tag hatte er sie beim Handgelenk gepackt und sie herumgeschleudert. Dies eine Mal, dachte er bei sich selbst, dies eine Mal werde ich sie ohne alle Umschweife nach der Wahrheit fragen. Vielleicht verjagt ein direkter Schuß sie ja.

»Miss Freda, einen Augenblick mal! Sie wissen doch, ich habe keinen einzigen Freund auf der Welt. Sie wissen ganz genau, daß ich keinen Menschen habe, zu dem ich gehen und von dem ich mir auf irgendeine Frage eine Antwort holen kann. Also gut, was wollen Sie eigentlich von mir?«

Sie errötete bis in die Haarwurzeln. »Mädchenhaft! Sie wollen doch nicht etwa mädchenhaft werden?« Sie sah aus, als würde sie gleich schreien, ihre ganze Gestalt siedete, doch sie fing sich wieder und sagte gedehnt mit gespielter Gelassenheit:

»Sei nicht nervös! Sei geduldig. Du wirst dich an alles gewöhnen. Es wird dir sogar gefallen. Es gibt nichts Erfreulicheres als den Aufstieg.«

»Und dann?«

»Dann wird alles andere in weite Ferne rücken, der Stall und alles andere.« Sie versenkte ihre Nasenflügel in die Falten eines Spitzentaschentuchs. »Ist das nicht ein lohnendes Schicksal?«, näselte sie.

Am schlimmsten von allem war der letzte Abend gewesen, der Abend des Maskenballes. Sie hatte auf seiner Anwesenheit bestanden. »Komm«, sagte sie, »einfach so, wie du bist, und sei unser Einpeitscher.« Das war der endgültige Schlag, die unverzeihliche Beleidigung gewesen. Er hatte gehorcht, nur war er nicht »einfach so, wie er war« gekommen. Er machte sorgfältig Toilette; er zog sich für den Abend an wie ein feiner Herr; er war infolgedessen der einzige Anwesende, der nicht ›angezogen‹ war, das heißt, nicht für die Gelegenheit passend.

Bei seiner Ankunft fand er die meisten Gäste beschwipst. Es dauerte nicht lange, und er war selbst mehr als nur ein bißchen angetrunken und stellte entsetzt fest, daß er, würdevoll und langsam, ein Menuett tanzte mit einem prächtigen weichen Plunderkuchen von einer Frau, die, besternt von Zechinen, in Kaskaden von gebauschtem Tüll vor sich hin grunzte. Schleunigst entwand er sich dieser Umarmung, hielt auf den blanken Stellen des kolophonium-bepuderten Bodens mühsam das Gleichgewicht und traf auf Freda, die mit einem winzigen Gläschen Magenlikör auf ihn zutrat und ihn ihm in den offenen Mund kippte. In dem Augenblick wurde ihm bewußt, daß er nach Luft geschnappt hatte.

Er blieb abrupt stehen. Sein fieberhafter Blick erfaßte den ganzen Raum. Dort in der Ecke saß Fredas Mutter mit ihren Katzen. Sie saß immer in Ecken, und sie saß immer mit Katzen. Und da war der Rest der Besetzung – Vettern, Neffen, Onkel, Tanten. Im nächsten Augenblick, die *Gaillarde*. Freda stand, die Arme erhoben, die Handflächen nach außen gekehrt, die Ellenbogen in Brusthöhe nach innen angewinkelt, eine Gottesanbeterin, unmittelbar vor ihm. Halt! Er entzog sich ihr, zeichnete mit der Krücke seines Stöckchens säuberlich einen Kreis um sie und wich dann durch die Fenstertüren zurück.

Dann wußte er nichts mehr, bis zu dem Augenblick, wo er sich im Gesträuch wiederfand, seufzend, das Gesicht dicht am Gatter, und hineinspähte. Er war wieder bei seinen Pferden; er war dort, wo er nun wieder hingehörte. Er konnte hören, wie sie die Grasnabe aufrissen, umhergaloppierten, als befänden sie sich ihrerseits in ihrem Ballsaal, und das, was das Seltsamste überhaupt war, in dunkler Nacht.

Er fing an, sich unter der niedrigsten Stange hindurchzuziehen, Hut und Stock warf er voraus, und robbte keuchend hinein. Der schwarze Hengst war jetzt an der Spitze. Die Pferde nahmen gerade die Kurve in der Willow Road, die auf die entferntere Koppel führte, und durch den Staub hindurch sahen sie zugleich schwach und riesenhaft aus.

Auf der Hügelkuppe hatten sich vier von ihnen abgesondert und verharrten, um Witterung zu nehmen. Er würde sich eins einfangen, aufsitzen, er würde fliehen! Er hatte keine Angst mehr. Er stand auf und schwenkte schreiend Hut und Stock.

Sie schienen ihn nicht zu erkennen, und sie kurvten an ihm vorbei und jagten davon. Er starrte ihnen nach, dem Weinen nahe. Er dachte nicht an seine Kleidung, seine weiße Hemdbrust, den Zylinder, den fuchtelnden Stock, sein unvermitteltes Auftauchen aus der Dunkelheit, ihre Erregung. Aber bestimmt mußten sie ihn erkennen –, es konnte sich nur noch um Sekunden handeln.

Stampfend, mit flatternden Mähnen, schnaubenden Nüstern, Dampf ausstoßend, als sie herannahten, passierten sie ihn, eine wiehernde Flut, und er verfluchte sie entsetzt, doch was er rief, war »Hure!«, und er kämpfte mit einem rasenden Schmerz, der ihn würgte, und lag am Boden ausgestreckt, schluchzend. »Ich *kann* das, verdammt nochmal, ich schaffe das, ich komme da schon noch hin!«

Die fliegenden Hufe des ersten Pferdes verfehlten ihn, die des zweiten nicht.

Wenig später zerstreuten die Pferde sich, knabbernd und schweifschlagend, und mieden dabei eine Stelle, wo das Gras hoch stand.

Der Diener

Die Felder um Louis-Georges' Haus fingen ganz zu Beginn des Frühjahrs zu grünen an und überließen die umliegenden Felder ihrem melancholischen Grau, denn Louis-Georges war der einzige Farmer, der auf seinen Feldern Roggen säte.

Louis-Georges war ein kleiner Mann mit einem dunklen, ovalen Gesicht, das wie ein Goya brannte und eine lange schiefe Nase trug, in der ein stacheliger Rauhreif von Haar gedieh. Seine Arme schwangen seinen Beinen voraus; seine ganze Person wußte, wer er war – die Art Mensch.

Er war von leidenschaftlichem Stolz auf alles erfüllt, was er tat, selbst wenn es nicht sonderlich gut geriet, er sich nicht sonderlich gut darauf verstand – er war persönlich so sehr daran beteiligt, so sehr hineinverstrickt.

Manchmal, wenn er auf dem Hof stand und mit emporgereckter Nase die wohlriechende Luft einsog, empfand er ein ungeheures Vergnügen an seinem Land, und dann rieb er die Finger gegeneinander oder wedelte mit den Händen über die Hörner seines Viehs hinweg, über denen summend die Fliegen kreisten, oder schlug seinen Rennpferden gegen die Schenkel und sagte zu ihrem Ausbilder: »Die haben jedes für sich mehr Rasse im Leib als irgendein Hinterteil in den Ställen von Westminster!« – und tat so, als kenne er sich genau aus, vom Maul bis zu den Hufen – kurz, er war ein Mann, der nahezu alles im Leben anschaute, als ob er ›es gemacht‹ hätte.

Zuweilen spielten er und Vera Sovna Verstecken in den Getreidespeichern und inmitten der Heuhaufen, sie mit schleppenden Volants und hohen Absätzen, in denen sie kreischend zwischen Rechen und Dreschflegel umhersprang.

Einmal fing Louis-Georges eine Ratte, mit der bloßen Hand, und das mit einem solchen Geschick, daß sie keinen Gebrauch von ihren Zähnen machen konnte. Er verbarg seine freudige Genugtuung und zeigte ihr stattdessen, wie man das machte, und stellte es als ein Kunststück hin, das er erlernt habe, um das Wintergetreide zu schützen.

Vera Sovna war ein hochgewachsenes Geschöpf mit mageren Schultern, die sie hochzog, als seien ihr die Schulterblätter zu schwer. Sie kleidete sich gewöhnlich schwarz, und einen nicht geringen Teil der Zeit lachte sie in ziemlich hohen Tönen.

Sie war eine enge Freundin von Louis-Georges' Mutter gewesen, doch nach dem Tod der Mutter war sie, infolge ihrer fortdauernden engen Beziehung zum Haus, in Verruf geraten. Es wurde getuschelt, sie ›habe etwas‹ mit Louis-Georges. Wenn die Gutsbesitzer sie sein Haus betreten sahen, konnten sie sich nicht beruhigen, bis sie sie wieder herauskommen sahen. Wenn sie sie herauskommen sahen, die Röcke achtsam über die Knöchel gelüpft, dann suchten ihre mißbilligenden

Zungen den Gaumen; falls sie langsam ging und ihr Kleid nachschleppte, sagten sie: »Was für einen Staub sie auf der Zufahrt aufwirbelt!«

Falls sie etwas wußte von ihren Regungen, ließ sie es sich jedenfalls nicht anmerken. Sie fuhr durch die Stadt, wobei sie weder nach rechts noch nach links blickte, und überquerte den Marktplatz, ohne jemanden anzusehen, doch offensichtlich entzückt von den rosafarbenen Blumensträußen, dem leuchtenden Wirrwarr gelber Kürbisse und grüner Gurken, den zu ordentlichen Bergen aufgetürmten Früchten auf den Verkaufstischen. Doch bei den seltenen Gelegenheiten, wo Louis-Georges sie begleitete, schlug sie die Beine übereinander, oder beugte sich vor und drohte ihm mit dem Zeigefinger oder wandte den Kopf von einer Seite zur anderen oder lehnte sich lachend zurück.

Manchmal besuchte sie die Gesindekammern, um mit Leahs Kind zu spielen, einem kleinen Geschöpf mit O-Beinen und zerbrechlichem Hälschen, das den Bauch herausstreckte, damit sie ihn tätschelte.

Die Mägde Berthe und Leah waren wohlgestaltete, zufriedene Frauen mit heiteren blauen Augen, schönen Zähnen und runden festen Brüsten, einladend wie Pippinäpfel. Sie versahen ihre Pflichten, wobei sie auf Roggenhalmen und auf Salatblättern kauten, die sie mit der Zunge einholten.

Jung, wie sie war, hatte Leah offensichtlich etwas getan, um dessentwillen sie nun in regelmäßigen Abständen betete, gewöhnlich vor einem hölzernen Christus, der in der Scheune von einem Balken herabhing und ihr ein so vertrauter Anblick war, daß sie Ihn gar nicht wahrnahm, bis sie sich zum Melken niederließ und die

Augen hob; dann lehnte sie die Stirn gegen den Bauch der Kuh und betete, wobei die Milch ihr über die kräftigen Knöchel spritzte und in den Boden sickerte, bis Berthe kam, um ihr beim Eimertragen zu helfen, und sie bemerkte: »Es sieht nach Regen aus.«

Vera Sovna hielt sich stundenlang im Garten auf, und das Kind krabbelte hinter ihr her und hinterließ die Spuren seiner Händchen, die naß waren von seiner Spucke, auf den staubigen Blättern, oder riß mit solcher Mühelosigkeit junge Gemüsewurzeln aus, daß es auf sein Hinterteil plumpste und in die Sonne hinaufblinzelte.

Die beiden Mägde, der Diener Vanka und Louis-Georges bildeten zusammen den Haushalt, außer daß er sich, bei deren gelegentlichen Besuchen, um Louis-Georges' Tanten Myra und Ella erweiterte.

Vanka war Russe. Er kaute Nägel. Er hielt nicht auf seine Kleidung, so als habe er gerade nur Zeit für die Adrettheit seines Herrn. Sein üppiges blondes Haar war zerzaust trotz der Pomade, seine Brauen waren zerklüftet und weiß. Seine Augen waren, wenn er die schweren Lider hob, sanft und intelligent. Er war absolut pflichttreu.

Louis-Georges sagte oft zu ihm: »So, Vanka, jetzt erzähl mir doch noch einmal, was sie mit dir gemacht haben, als du noch ein Junge warst.«

»Sie haben meinen Bruder erschossen«, antwortete Vanka dann und zog an seiner Stirnlocke. »Sie haben ihn als ›Roten‹ erschossen. Sie haben ihn mit meinem Vater zusammen ins Gefängnis gesperrt. Dann hörte meine Mutter, die ihnen in zwei Eßgeschirren Essen brachte, eines Tages ein Geräusch; es klang wie ein

Schuß, und an dem Tag brachte Vater nur ein Eßgeschirr zurück, und angeblich hat er es zurückgegeben wie ein Mensch, der über die Achsel blickt.« Diese Geschichte erzählte Vanka oft, und manchmal setzt er seufzend hinzu: »Meine Schwester, die eine hübsche Frau gewesen war (die Studenten besuchten sie immer, nur um sie reden zu hören), wurde kahl – über Nacht.«

Nach derartigen Zwiegesprächen schloß Louis-Georges sich in sein Arbeitszimmer ein, wo er mit großer, krakeliger Schrift an seine Tanten schrieb. Manchmal fügte er ein, zwei Äußerungen über Vanka ein.

Bisweilen kam dann Vera Sovna herein und schaute ihm dabei zu und lüpfte ihre Rüschen und hob die Brauen. Wenn Vanka ebenfalls anwesend war, erwiderte sie seinen starren Blick. In beider Blicken lag die kalte Präzision von Stahl.

Sie stand dann mit dem Rücken zum Kamin, mit auswärtsgekehrten Absätzen, klopfte gegen die gestraffte Seide ihres Rocks und sagte:

»Na weißt du, jetzt ist es aber genug!«, und setzte hinzu: »Vanka, nimm ihm die Feder weg.«

Vanka rührte sich nicht. Louis-Georges schrieb weiter, lächelnd und schnaufend, doch ohne jemals die Hand von der beschriebenen Seite zu heben. Vanka wiederum stand einfach nur da und nahm die Seiten an sich, sobald sie fertiggeschrieben waren.

Schließlich stieß Louis-Georges dann mit einem lauten Federkratzen und unter nachdrücklichem Scharren den Stuhl zurück, erhob sich und sagte: »So, und nun wollen wir Tee trinken.«

Am Ende verfiel er einer schleichenden Krankheit. Sie befiel seine Glieder. Er war gezwungen, am Stock zu gehen. Er klagte über sein Herz, doch hielt er daran fest, hinauszugehen und die Pferde anzuschauen, und um Vera Sovna zu unterhalten, hieb er mit dem Stock nach den Fliegen und genoß dabei den Geruch von Milch und Mist.

Er hatte Pläne für die Heumahd, für das Einbringen der Ernte, doch mußte er alles den Landarbeitern überlassen, die, unbeaufsichtigt, wie sie waren, alle Naselang davonspazierten, auf ihre eigenen Äcker, zu ihren eigenen kaputten Zäunen.

Sechs Monate später wurde Louis-Georges bettlägerig.

Die Tanten kamen und nahmen das Ausmaß des Verfalls im einfallenden Sonnenlicht in Augenschein, während sie Linderungsmittel zuteilten wie Frauen, die ein Baby in ihrer Obhut haben, und äußerten untereinander überrascht: »So war er aber wirklich noch *nie*«, lupften samtene Achselbänder, die ihnen in die Schultern schnitten, und beäugten einander von beiden Seiten des Bettes.

Sie hatten Angst davor, Vera Sovna zu begegnen. Ihre Lage war heikel. Sie hatten zu Lebzeiten von Louis-Georges' Mutter zwar auf freundschaftlichem Fuß mit ihr gestanden, doch sowie die alte Dame gestorben war, das Gefühl gehabt, an Würde und Zurückhaltung zulegen zu müssen. Außerdem schienen sich die Leute im Städtchen gegen Vera gewandt zu haben. Doch wollten die Tanten auch wieder nicht allzu unfreundlich sein, also verließen sie ihren Platz an Louis-Georges' Bett jeden Abend für eine Stunde, so daß Vera Sovna ihn besuchen kommen konnte, und Vera Sovna kam dann auf leisen Sohlen herein und sagte »Ach, mein *Lieber*!«.

Sie erzählte ihm gern Geschichten, die sie ihm früher schon erzählt hatte und die alle von ihrem eigenen Leben handelten, so als könne jenes Leben, das noch nicht abgelaufen war, hilfreich sein. Sie erzählte ihm von ihrer Woche in London, von einem Besuch im Haag, von Abenteuern mit Hotelbesitzern in unmöglichen Gasthäusern, und manchmal, wenn sie sich ihm zuneigte, meinte er, sie weinen zu hören.

Doch trotz all dieser betrüblichen Dinge – der Krankheit und der gespannten Atmosphäre – schien Vera Sovna seltsam fröhlich.

Während des Verfalls von Louis-Georges dienten Leah und Berthe als Krankenschwestern, die seine Laken wechselten, ihn umdrehten, um ihn mit Öl und Alkohol abzureiben, sich bekreuzigten und ihm den Löffel hielten.

Der Diener stand am Fuß des Bettes, bemüht, nicht zu husten oder zu seufzen oder seinem Herrn sonst in irgendeiner Weise beschwerlich zu fallen. Manchmal schlief er jedoch ein, indem er sich am Bettpfosten festhielt, und wachte auf, wenn die Träume von der ›Revolution‹ kamen, Träume, die verblaßten, wenn er in den Wachzustand gestoßen wurde.

Vera Sovna hatte sich angewöhnt, mit den Mädchen in der Küche zu Abend zu essen, einem langen kahlen Raum, der ihr gefiel. Vom Fenster konnte man den Obstgarten und die Pumpe und die langgestreckte, sacht abfallende Wiese sehen. Von den Balken hingen Zwiebelzöpfe herab, und Rauchfleischseiten baumelten über dem langen Tisch mit seiner dünnen Schneeschicht aus Mehl und den heißen, frischen Brotlaiben.

Die Mädchen nahmen Vera Sovnas Gesellschaft frohen Mutes hin. Wenn sie wegging, wischten sie die Tischplatte ab und sprachen dabei von anderen Dingen, schärften die Messer und dachten nicht mehr an sie.

Auf dem Gut ging alles seinen Gang wie gewöhnlich. Nichts wurde durch die Hinfälligkeit des Herrn in Mitleidenschaft gezogen. Die Saaten reiften, die Zeit der Heuernte ging vorbei; im Obstgarten war das dumpfe Geräusch des Fallobstes zu hören. Louis-Georges wurde reif für den Tod, abwesend, als sei er nie gewesen. Von Vera Sovna ging ein stilles Leuchten aus. Sie handhabte die Arzneiflaschen, als handelte es sich um musikalische Intervalle; sie arrangierte ihm Blumensträuße, als handelte es sich um Tribute. Und Vanka?

Das war derjenige, der sich in größter Pein befand, er beugte sich unter dem kürzer werdenden Schatten seines Herrn wie jemand, dem es endlich vergönnt ist, um seiner selbst willen Kummer zu empfinden.

Myra und Ella, die vor Entsetzen wie gelähmt waren, schüttelten sich die Krümel vom Schoß und schickten einander hinein, Louis-Georges besuchen, und machten einander vor, daß es ihm sehr viel besser ging. Nicht, daß sie Angst davor hatten, daß er sterben könnte, sondern sie hatten Angst davor, daß sie nicht vorbereitet sein könnten.

Wenn der Arzt kam, streiften sie ihre Verzagtheit ab. Sie eilten hin und her und ließen sich Rezepte ausschreiben, Löffel polieren; sie schlossen die Augen und saßen zu beiden Seiten seines Bettes und malten sich aus, daß er bereits die Absolution erteilt bekommen und das Zeitliche gesegnet hätte, um das Vergnügen haben zu können, die Augen zu öffnen und ihn genauso vorzufinden wie immer.

Als sie wußten, daß er wirklich im Sterben lag, konnten die Tanten nicht aufhören, ihn zu berühren. Sie versuchten, die Stellen seines Körpers zu bedecken, die allzu deutlich das Ausmaß seines Verfalls verrieten, die dünnen Arme, den feuchten pochenden Fleck am Hals, die eingefallene Magengrube. Sie tätschelten seine Handgelenke und trieben den Arzt und die neue Schwester ganz allgemein zum Wahnsinn. Am Ende schlug Myra allen anderen ein Schnippchen und kniete unbemerkt vor lauter Verzweiflung neben Louis-Georges nieder und streichelte sein Gesicht. Der Tod schien nicht überall zu sein, das heißt, er schien nicht an einem Platz zu bleiben, sondern schien sich mit ihren Liebkosungen von einer Region in die nächste zu bewegen. An diesem Punkt wurde sie mitsamt ihrer Schwester ausgesperrt. Sie wanderten die Diele auf und ab, hatten Angst zu sprechen, waren unfähig zu weinen, drückten sich aneinander vorbei und stemmten die Handflächen gegen die Wände.

Als Louis-Georges dann wirklich starb, erhob sich das Problem Vera Sovna. Sie vergaßen sie jedoch bald über ihrem Bemühen, den Weisungen des Toten Folge zu leisten. Louis-Georges hatte Sorge getragen, daß alles so weitergehen würde wie gewöhnlich; er würde in den Wechsel der Jahreszeiten nicht eingreifen, er hatte das nächste Jahr ›vorausgeplant‹.

Die Hühner rühmten sich ihrer Eier wie gewöhnlich, wie gewöhnlich waren die Ställe von fröhlichem Lärm erfüllt. Die Felder gossen ihr Leben in verschwenderischer Fülle über die Scholle, und Vanka legte die Kleider des Toten zusammen und verstaute sie.

Als der Bestatter kam, duldete Vanka nicht, daß er

Hand an den Leichnam legte. Er wusch und kleidete ihn selbst. Er selbst legte Louis-Georges auch in den schimmernden Sarg, der nach Kolophonium roch; er steckte die Blumen, und er verließ schließlich den Schauplatz, indem er mit der ganzen Sohle seiner plötzlich schwerfällig gewordenen Füße auftrat. Er ging in sein Zimmer und schloß die Tür.

Er ging auf und ab. Er hatte das Gefühl, etwas unerledigt gelassen zu haben. Er liebte Dienstbarkeit und Ordnung; er liebte Louis-Georges, der den Dienst zu einer Notwendigkeit und die Ordnung wünschenswert gemacht hatte. Was dazu führte, daß er die Handflächen aneinander rieb und sie dabei dicht an seinen seufzenden Mund hielt, als könne das Geräusch ihn irgendein verschwiegenes Geheimnis lehren. Natürlich hatte Leah eine Szene gemacht, über die man sich, wenn man die Umstände bedachte, allerdings nicht weiter wundern konnte. Sie hatte ihr Baby hereingebracht, es neben dem Leichnam abgesetzt und ihre erste Anweisung erteilt: »Ihr könnt jetzt mal eine Minute miteinander spielen!«

Vanka hatte sich nicht dagegen verwahrt. Das Kind war zu verschreckt, um die sorgfältig arrangierte Pracht von Louis-Georges' Abschied zu beeinträchtigen, und beide, Kind und Mutter, verließen das Zimmer alsbald in lautlosem Stumpfsinn. Vanka hörte, wie sie in die tiefer gelegenen Regionen des Hauses hinabstiegen, das absichtsvolle Gestampfe Leahs, das hurtige Getrippel des Kindes.

Während er in seinem Zimmer auf und ab lief, hörte Vanka, wie die Bäume gegen den Wind schlugen; eine Eule schrie aus dem Schober, eine Stute wieherte, stampfte und senkte den Kopf wieder in ihren Futterkasten. Vanka öffnete das Fenster. Er meinte, Schritte auf der kiesbestreuten Einfassung zu hören, die die Hortensienbüsche umgab; ein schwacher Duft, wie er von den tanzenden Rüschen an Vera Sovnas Kleid aufstieg, schien in der Luft zu hängen. Verärgert wandte er sich ab; dann hörte er sie rufen.

»Vanka«, sagte sie, »komm, mein Fuß hat sich in den Ranken verfangen.«

Ihr Gesicht mit dem offenen Mund erschien oberhalb der Fensterbank, und einen Augenblick später sprang sie ins Zimmer. Und da standen sie nun und sahen einander an. Sie waren noch niemals miteinander allein gewesen. Er wußte nicht, was er tun sollte.

Sie war ein bißchen aufgelöst; Zweige hatten sich in den Rüschen ihrer Röcke verhakt. Sie hob beide Schultern und seufzte. Sie streckte die Hand aus und sagte seinen Namen.

»Vanka.«

Er trat zurück und starrte sie an.

»Vanka«, wiederholte sie und trat zu ihm und stützte sich auf seinen Arm. Mit größter Schlichtheit sagte sie: »Du mußt mir alles erzählen.«

»Ich erzähle es Ihnen«, sagte er automatisch.

»Sieh doch, deine Hände!« Plötzlich ließ sie den Kopf in seine Hände sinken. Er erbebte; er zog die Hände weg.

»Oh sieh doch, du glücklicher Mensch!«, rief sie, »glücklichster aller Menschen, vom Schicksal erwählter Vanka! Er hat sich von dir berühren lassen, von ganz nah, ganz nah, hautnah, herzensnah. Du wußtest, wie er aussah, wie er stand, wie seine Fesseln in den Fuß übergingen! –«, er hörte sie schon gar nicht mehr, er war dermaßen erstaunt –, »Seine Schultern, wie sie geformt waren. Du hast ihn angekleidet und ausgekleidet. Du kanntest ihn, ganz und gar, lange Jahre. Erzähl mir – erzähl mir, wie war er?«

Er wandte sich ab. »Ich erzähle es Ihnen«, sagte er, »wenn Sie ruhig sind, wenn Sie sich hinsetzen, wenn Sie still sind.«

Sie setzte sich. Sie beobachtete ihn mit großer Freude.

»Seine Arme waren zu lang«, sagte er, »doch das wissen Sie, das konnten Sie sehen, aber schön; und sein Rücken, seine Wirbelsäule, sein Rücken verjüngte sich, er war schlank, höchst edel geformt . . .«

Das Kaninchen

Die Straße war von Blättern bedeckt gewesen an dem Tag, da der kleine Schneider sein Heimatland verließ. Er sagte Guten Tag und Auf Wiedersehen in einem Atemzug, den Mund mit den breiten Zähnen aufgerissen, als sei er aus tiefem Wasser gezogen worden. Er verließ Armenien nicht, weil er das wollte, sondern er verließ es, weil er mußte. An ganz Armenien war nichts, das er nicht gern auf alle Zeiten immer weitererlebt hätte; es war die bare Notwendigkeit, man stieß ihn hinaus. Mit einem Wort, man hatte ihm in New York eine Erbschaft hinterlassen.

Das Abschiednehmen brach ihm nicht das Herz, er weinte keine Tränen, die fallenden Blätter versetzten ihm keinen Stich, er handhabte die ganze Angelegenheit, wie ein schlichter, schicksalsergebener Mann das tun sollte. Er ließ sich Armenien durch die Finger schlüpfen.

Sein Leben war eine gefestigte, stetige, langsame, angenehme Sache gewesen. Er pflügte und kümmerte sich um seine Felder. Die Hände über dem Schaft seiner Sense gefaltet, beobachtete er seine grasende Kuh. Er pflegte die Federn und Schnäbel seiner Enten, so daß das Gefieder glatt anlag, die Schnäbel unversehrt und glänzend blieben. Er ließ die Hand gern über die Geschöpfe auf seinem kleinen Stück Land gleiten, sie waren genauso erfreulich wie Pflanzen; ja, genaugenommen sah er da eigentlich keinen großen Unterschied.

Das war nun anders geworden. Seine Angehörigen rieten ihm (da er alleinstehend war), die Erbschaft anzunehmen, eine kleine Schneiderei, die sein Onkel ihm hinterlassen hatte. Wenn er sich einen Gehilfen nahm, sagten sie, konnte er damit nur besser fahren. Es würde ihn vielleicht »bilden«, einen »Geschäftsmann« aus ihm machen, einen »Chef«, einen Mann, der sich in der Welt auskannte.

Er widersprach zwar, doch nicht sonderlich nachdrücklich; er war ein schüchterner Mann, ein sanfter Mann. Er säuberte den Spaten, schärfte seine Sägen, schüttelte die Späne aus dem Hobel, ölte Bohrer und Hobeleisen, rieb Fett ins Geschirr, und während er sein letztes Kalb aus der erschöpften, murrenden Kuh herauszog, fragte er sich, was er tun sollte.

An dem Tag, da er aufbrechen sollte, ging er als erstes in den Wald, wo er Zweige herabgeholt und zusammengebunden hatte, um sich eine Hütte gegen die Sonne zu bauen. Sein Krug, worin er sein Sirup-Zimt-Wasser gehabt hatte, war noch da, neben seinem Sitzbalken. Der Wald wucherte in den Fahrweg hinein; die Schatten, die von hellen Löchern aus Sonnenlicht zerrissen waren, tanzten in satten Tupfern. Mücken vom Sumpf sangen über seinem Kopf. Sie gerieten in die langen Haare seines Kinnbarts und verfingen sich darin, sirrend hingen sie in dem Gewirr, rotierten gegen seine Wange, flogen auf, wenn er in die Hände klatschte, und während er sich gegen das Gesicht schlug, sah er sich im Geiste in klaglos ertragenem Unglück hoch oben auf einem Tisch sitzen und nähen, als wäre er gestorben und müßte damit fertigwerden.

So kam also eines Tages ins untere Manhattan (in die Straße, wo der Laden von Amietiev, dem Schneider, war) ein Fremder, der jüngste Amietiev, und er kam mit einem Besen. Die Passanten sahen, wie er ihn über die Dielenbretter seines Erbteils schwang, eines Raums nicht viel größer als 12 mal 24 Fuß, wobei das hintere Drittel durch einen Vorhang abgetrennt war, der das schmale Bett und die danebenstehende Kommode verbarg. Er sog prüfend die Luft ein, wie er die Luft seines Landes geprüft hatte, er nieste. Er packte den Raum im Geiste gewissermaßen beim Genick und schüttelte ihn im Angesicht seiner verlorenen Hektar.

Er hatte das Schneiderhandwerk zwar als Junge erlernt, als dieser nunmehr verstorbene Onkel sein Vormund gewesen war, doch seine Finger waren ungeschickt, und er brach die Nadel ab. Er arbeitete langsam und mühevoll, und er hielt den Atem zu lange an und stieß ihn dann unter lauten Seufzern wieder aus. Er schuftete bis spät in die Nacht, das Schneiderbügeleisen zwischen den Knien. Leute, die auf dem Nachhauseweg waren, äugten zu ihm herein, wie er auf seinem langen Tisch saß, halb verborgen von den Anschlägen an seinen Fensterscheiben, dem von Fliegendreck übersäten Modenalbum, das aufgeschlagen im Fenster lag und worin hochelegante Herren in Gehröcken zu sehen waren, von längst überholten Ankündigungen religiöser Veranstaltungen und Programmzetteln der komödiantischen Veranstaltungen des Viertels. Bummler, denen seine Blässe auffiel, bemerkten: »Der da stirbt bestimmt an Schwindsucht, möcht' ich wetten!«

Auf der anderen Straßenseite, auf einem Fleischerschragen (der mit Amietievs noch verbliebenen Futterseiden, Schottenstoffen und Wollstoffen wetteiferte) lagen leuchtende Rinderviertel, Kalbsköpfe und -füße; Reste von Tieren, gelbrosa Fettschichten. Da gab es Muskelfleisch und Nieren mit ihrem Netz aus Talg; riesige Karkassen, die in der Mitte durchgehauen waren und die Tastatur der Wirbelsäule sehen ließen, und, an Haken aufgehängt, Enten, die mit dem Kopf nach unten in Becken abtropften.

Wenn der kleine Schneider aufblickte, machte ihn das furchtbar traurig; die Farben waren eine Todesernte. Nur allzu gern erinnerte er sich der wogenden Wiesen seines Heimatlandes, mit den Kühen auf den Feldwegen und dem Obst, das einem über den Kopf herabhing, und er wandte sich ab und stichelte weiter.

Hinter dem Vorhang gab es einen kleinen Gaskocher, auf dem er sich sein Frühstück wärmte; bisweilen eine Wurst, immer Kaffee, Brot, Käse. Im Sommer war es zu heiß, im Winter herrschte im Laden eine tödliche Stickluft. Er konnte es nicht wagen, die Tür aufzumachen. Er wurde von Kälte angeweht, jedesmal, wenn ein Kunde hereinkam (kein Mensch schien je auf die Idee zu kommen, daß er vielleicht den Wind abbekäme), also saß er in der verbrauchten Luft, die durch den Gasofen noch unendlich verschlechtert wurde, und mit jedem Tag traten ihm die Augen tiefer in den Kopf, wuchsen die dunklen Brauen mehr und mehr hervor. Die Kinder in der Nachbarschaft nannten ihn ›Kohlenauge‹.

Im zweiten Sommer kam das Geschäft in Schwung, er arbeitete schneller, lieferte ausgezeichnete Flickarbeit, berechnete sehr wenig und gönnte sich selbst nie die geringste Zeit; er stichelte, wendete, bügelte, änderte, als wäre die Welt ein riesiger Wall alter Kleider gewesen. Zu diesem Zeitpunkt hatte er sich bereits mit einem kleinen, kranken, schlanken italienischen Mädchen angefreundet, das anfangs mit dem Mantel ihres Vaters bei ihm erschienen war. Sie roch herb, wie nach Zitronen.

Ihr glattes schwarzes Haar, das in der Mitte gescheitelt war, war so schwarz wie ihre Augen; unter einer gebogenen Nase brannte ihr Mund, der energisch geschlossen war. Nahezu alles Leuchtende hatte es ihm angetan. Er dachte an die vielen Kalender mit all den Madonnen, die er gesehen hatte, und er beging den Fehler, dies Mädchen damit in Verbindung zu bringen. Die scharfe, gierige Grausamkeit ihres Gesichts gefiel ihm; er verwechselte das rasche Hin- und Herzucken ihres Kopfes mit Munterkeit. Er selbst war kein gutaussehender Mann; das störte ihn jedoch nicht, er sah genauso gut aus wie alle anderen in seiner Familie auch, und das genügte. Es war ihm überhaupt nicht bewußt, daß sein Körper, gemessen an der Größe seines Kopfes, ziemlich klein war; die Tatsache, daß er krauses Haar hatte, verschlimmerte die Sache noch.

Dies Mädchen, Addie, tat all diese Dinge kund. Das schmerzte ihn, weil er anfing, sie zu mögen. Ihm entging nicht, wie hungrig sie aussah, wenn er das durch das Zittern seiner Nadel verriet. Er war verdutzt. »Warum«, fragte er, »wenn du solche Sachen über mich sagst, siehst du so hübsch aus?«

Dabei war das das Schlimmste, was er sagen konnte, es ermutigte sie, es schmeichelte ihr. Sie legte es weiter darauf an, ihren Schnabel zu wetzen, und er reizte sie obendrein ständig: Schließlich war sie weder so nett, wie er gedacht hatte, noch so jung. Endlich, nachdem er lange mit sich zu Rate gegangen war und sich gründlich das Hirn zermartert hatte, fragte er sie, ob sie schon an Liebe und Heirat gedacht habe. Natürlich hatte sie das; hier hatte sie direkt vor der Nase ein Geschäft, das nur auf sie wartete, es war vielversprechend und schien ›blühen‹ zu wollen, wie man so sagt, und war sie nicht außerdem schon an ihn gewöhnt? In aller Stille, Schläue und ohne etwas zu überstürzen (was er, Trottel, der er war, nicht bemerkt hatte), hatte sie ihre Pläne gemacht. Es freute sie zwar, die Bindung einzugestehen, doch ihre Worte waren: »Du bist nicht gerade ein Prachtexemplar!« Sie sagte es unwirsch (so als werfe sie ihm irgendetwas vor). Sie sagte es hochnäsig und strich dabei ihren gefältelten Rock mit zwei Fingern glatt. Er hatte das Gefühl, daß sie sehr stark war, er selbst hingegen so ziemlich nichts.

»Was verlangst du denn von mir?«

Sie zuckte die Achseln, warf das Haar zurück und öffnete den Mund so weit wie überhaupt möglich, so daß die darin kauernde Zunge in ganzer Länge sichtbar wurde.

»Ich meine, wenn ich irgendetwas tun muß, was ist das denn? Wenn ich, wie du sagst, nichts weiter bin als –«

»Du wirst niemals etwas *sein*«, sagte sie, dann setzte sie hinzu: »Du wirst niemals etwas *anderes* sein.«

»Na gut. Etwas anderes vielleicht nicht, aber vielleicht ja mehr?«

»So siehst du aus.« Sie verstand sich darauf, ihn mit

wenigen Worten abzufertigen, das war ihre Form der Verachtung.

»Was heißt das – ›so siehst du aus‹?«

»Du bist beispielsweise nicht der Typ, um ...«

»Um was?« Er rutschte herum und starrte sie eindringlich an.

»Du bist wohl kaum ein *Held*!« Sie lachte, es klang wie eine ganze Reihe kurzer Schnapplaute, wie bei einem Hund.

»Sind Helden gefragt?« sagte er mit solcher Tücke und einem derart verstörten Gesicht, daß sie kicherte.

»Nicht in deiner Familie, wie ich sehe.«

Er nickte. »Ganz recht. Doch, das ist völlig richtig. Wir waren stille Leute. Du magst also keine stillen Leute?«

»Pah!«, sagte sie, »Das sind doch Weiber!«

Er dachte lange Zeit darüber nach. Langsam bewegte er sich von seinem Tisch herunter. Er nahm sie bei den Schultern und schüttelte sie sachte hin und her.

»Das stimmt nicht, und du weißt das auch. Sie sind etwas anderes.«

Sie fing an zu schreien. »Ach nein! Jetzt bin ich also eine Lügnerin. Soweit ist es schon gekommen! Ich bin abscheulich, unnatürlich, unnatürlich!« Es war ihr gelungen, sich in die höchsten Töne geheuchelter Entrüstung hineinzusteigern, sie riß an ihrem Haar und schwenkte es von rechts nach links wie eine Peitsche. Dadurch, daß sie sich auf diese Weise selbst Gewalt antat, daß sie derart aus der Fassung geriet und ihre geradezu herablassende Selbstsicherheit einbüßte, bereitete das schlaue Balg ihm eine derartige Qual, als müßte er die Zertrümmerung eines Heiligenbildes mitansehen.

»Nein, nein!« rief er und klatschte in die Hände. »Tu sowas nicht, geh nicht so mit dir um! Ich werde etwas tun, ich mache alles, was es auch sei.« Er trat zu ihr und zog ihr das Haar aus der Faust. »Ich tue *alles* für dich! Doch, bestimmt, ich werde es tun, ich tu's, ich tu's!«

»Was wirst du tun, Amietiev?«, fragte sie unvermittelt mit einer solchen Ruhe, daß seine Bangigkeit geradezu daran abprallte. »Was ist das denn, was du tun willst?«

»Ich werde kein solches Weib mehr sein. Du hast mich Weib genannt; es ist etwas Schreckliches für einen Mann, das gesagt zu bekommen, vor allem, wenn er klein ist, und ich bin klein.«

Sie trat auf ihn zu, die Ellenbogen fest an die Rippen gepreßt, die Handflächen nach außen gekehrt, und sie setzte die Füße seitwärts. »Du wirst alles für mich tun? Wie? Etwas Kühnes, etwas wirklich *Großes,* etwas Großartiges nur für mich?«

»Nur für dich.« Er sah sie bekümmert an. Das kurze, grausame Zucken ihres Mundes (alles an ihr war flüchtig) –, die erbärmlich dünnen Arme, der schmächtige Brustkorb, das allzu lange Haar, die Hände, die an den Handgelenken schlackerten, der schleifende Gang der schmalen Füße und der schwache, trostlose beißende Zitronengeruch, der von ihrem schwingenden Rock in Wolken aufstieg, trieben ihn von ihr weg. Wieder war er vor Kummer wie vernichtet. Sie trat von hinten an ihn heran, griff sich seine beiden Hände, zog sie hinter seinen Rücken und küßte ihn, indem sie sich an ihn lehnte, in den Nacken. Er versuchte, sich umzudrehen, doch sie hielt ihn fest, und so standen sie eine Weile, dann riß sie sich los und rannte auf die Straße hinaus.

Er machte sich wieder an die Arbeit; im Schneidersitz auf dem Tisch hockend, fragte er sich, was von ihm wohl erwartet wurde. Etwas Derartiges war ihm bislang nie passiert; tatsächlich hatte er ihr immer erzählt, wie sehr er sich nach einem Leben auf dem Land sehnte, mit ihr an seiner Seite, auf den Feldern oder zwischen Büschen und Gemüsen. Und jetzt trat er sich auf einmal in der Rolle des Helden gegenüber... Was war denn überhaupt ein Held? Was war denn der Unterschied zwischen ihm und dieser Art Mann? Er versuchte sich zu besinnen, ob er jemals einen gekannt hatte. Er erinnerte sich an Geschichten, die die Zigeunerinnen ihm erzählt hatten, vor urlanger Zeit, als er noch in seiner Heimat war. Die hatten ihm gewiß von einem jungen Burschen erzählt, der ein ungeheuer starker Ringkämpfer war und wie der Teufel mit seinen Feinden rang, sich jedoch, da er nicht imstande gewesen war, irgendetwas zu töten, von einem Berg gestürzt hatte. Doch einem wie ihm, einem Schneider, wäre so etwas unmöglich... er würde dabei nur umkommen, und davon hätte er nichts. Er dachte an all die großartigen Menschen, von denen er gehört oder gelesen hatte oder denen er zufällig hätte begegnen können. Da war Jean, der Schmied, der ein Auge verloren hatte, als er sein Kind vor einem Pferd gerettet hatte; doch wenn er, Amietiev, ein Auge verlor, würde Addie ihn schon überhaupt nicht leiden können. Und wie stand es mit Napoleon? Der war nun wirklich sehr berühmt; er hatte alles gemacht, ganz allein mehr oder minder, und war dabei so weit gegangen, daß er sich sogar ohne irgendwelche Hilfe zum Kaiser gekrönt hatte, und die Menschen bewunderten ihn so sehr, daß sie in der ganzen Welt sein

Bild aufhängten, weil er natürlich ein Meister im Töten gewesen war. Er dachte darüber lange Zeit nach und gelangte schließlich zu dem unausweichlichen Schluß: Alle Helden waren Männer, die töteten oder getötet wurden.

Nun ja, das war unmöglich; wenn er getötet würde, hätte er ebensogut gleich in seinem Land bleiben und Addie niemals zu Gesicht bekommen können – folglich mußte er also töten, doch was?

Er könnte natürlich auch jemanden oder etwas retten, doch müßte das dann mit irgendeiner Gefahr verbunden sein, und womöglich gäbe es so etwas tagelang nicht, und er war des Wartens müde.

Er legte seine Arbeit beiseite, glitt vom Tisch herab, drehte das Licht kleiner und versuchte, mit dem Gesicht nach unten auf seiner Bettstelle liegend, die ganze Sache zu durchdenken.

Er setzte sich auf und rieb sich mit beiden Händen die Wangen. Es war feucht unter seinem Bart, das spürte er. Er versuchte, sich ein Bild von der Sache zu machen, ein Bild davon, wie Töten war. Er saß auf der Bettkante und starrte auf das kleine Stück Teppich mit seinem persischen Muster, und sein Geist folgte dessen gewundenen Linien.

Er dachte an Bäume, an den Bach, wo er fischen gegangen war, die grünen Felder, die Kühe, die ein langes Band heißer Luft aus ihren Nüstern ausstießen, wenn er sich näherte; er dachte an die Gänse, er dachte an das dünne Eis auf den Weihern mit den Büschen, die daraus hervorsprossen ... Er dachte an Addie, und Addie war mit der Vorstellung vom Töten verquickt. Er versuchte, sich als jemanden zu sehen, der jemanden zerstört. Er schlug die Handflächen gegeneinander und verschränkte die Finger. Nein, nein, nein! Mit so etwas konnte man nicht einmal einer Drossel den Garaus machen. Er hielt die Hände nebeneinander und blickte auf die Daumen. Er rieb sie an seinen Beinen entlang. Wie schrecklich war nicht ein Mord! Er stand auf und warf den Körper hin und her, als schmerzte er ihn. Er ging in den Laden und zog das Rouleau so hoch, wie es ging.

Genau gegenüber brannten zwei helle Lampen im Fenster des Fleischers. Er konnte die Rinderhälften von ihren Haken herabhängen sehen, die gekühlten Blutlachen in den Schalen, die geschlossenen Augen der Kalbsköpfe, die nebeneinander auf ihren Schragen aufgereiht lagen und wie gehäutete Frauen aussahen, und in der Zugluft der offenen Tür baumelnd, Wild mit eingeknickten Läufen.

Vorsichtig trat er aus seinem Laden auf die Straße hinaus, auf Zehenspitzen, als ob jemand ihn hätte sehen oder hören können. Er überquerte die Fahrbahn, stieß die Stirn gegen die Schaufensterscheibe des Fleischers, starrte all die geschlossenen Lider der jungen Tauben an, die verwitterten, geschrumpften Spinnweben der Gänsefüße, den überquellenden Abfalleimer, der seine Lungen und Gedärme ausspie. Ihm wurde erst flau im Magen und dann schlecht. Er legte die Hand gegen die Magengrube und drückte. Er zog an seinem Bart und zwirbelte die rotbraunen Haare, die ihm zwischen die Finger kamen.

Er kannte den Fleischer gut; er wußte auch, wann er auf ein Bier in die Kneipe ging und den Laden für einen Augenblick verließ. Er kannte seine Gewohnheit, die Hintertür nur eingeklinkt zu lassen, und wußte genau, was im Hinterzimmer gelagert war. Er erwartete kein Hindernis und traf auch auf keins. Er stieß die Hintertür ohne jede Schwierigkeit auf. Einen Augenblick lang machte das Dämmerlicht ihn blind, doch im nächsten tauchte er bereits wieder aus dem Laden auf und hatte einen Kasten unter dem Arm. Verstohlen, hastig, stolpernd lief er wieder über die Straße, auf seine eigene Tür zu, stieß sie mit dem Fuß auf und fiel nahezu hinein.

Der Widerschein der rubinroten Glasschirme des Fleischerladens lief rot über seine Modezeichnungen und die einherstolzierenden Herren aus Pappe. Der kleine Schneider setzte den Kasten in der hintersten Ecke nieder. Das Herz schlug ihm bis in den Hals hinauf. Er suchte im Innern fieberhaft nach irgendetwas, woran er sich halten konnte, etwas, das ihm das Gleichgewicht wiedergeben würde. Er mußte seine Entschlossenheit wiederfinden. Er biß die klappernden Zähne aufeinander, doch das trieb ihm nur die Tränen in die Augen, und so verschränkte er die Hände im Nacken, sank gleichzeitig neben dem Kasten auf die Knie und senkte Hände und Stirn zum Boden. Er mußte es tun! Er mußte es tun! Er mußte es *jetzt* tun! Seine Gedanken begannen wieder umherzuschweifen. Er versetzte sich wieder in seine Heimat, in eine andere Jahreszeit. Sonne auf dem Waldboden. Er erinnerte sich an die Mücken. Er kauerte sich mit baumelnden Armen auf die Hacken. Der strahlende, unvermutet einsetzende Sommer! Pflügen, Säen, Heuernte – was für ein Jammer! Er stutzte – was war ein Jammer? Erst jetzt ging es ihm auf.

In dem Kasten rührte sich etwas, das atmete und strampelte, um sich von ihm zu entfernen. Er stieß einen

Schrei aus, eher ein Grunzen als einen Schrei, und das Etwas im Kasten antwortete mit einem angsterfüllten, harten Trommeln.

Der Schneider beugte sich vor mit ausgestreckten Händen, dann schob er sie zwischen den Stäben hindurch in den Kasten hinein, öffnete sie und schloß sie wieder, fest, ganz fest! Fester! Das Schreckliche, das wirklich Schreckliche an der Sache war, das Tier quiekte nicht, es wimmerte nicht, es schrie nicht: Es keuchte, als benähme der Wind ihm den Atem, es kämpfte sich mühsam aus dem Leben heraus, das furchtsame Scharren der bereits Überwältigten im Angesicht der letzten schäbigen Ungeheuerlichkeit.

Der Schneider stand auf und wich vor dem zurück, was er getan hatte. Er trat gegen den Wassereimer, wandte sich um und tauchte die Hände hinein. Er schlug ins Wasser und warf sich die Wellen mit dem Handrücken ins Gesicht. Er sprang zur Tür und öffnete sie. Addie stürzte herein, sie hatte, mit den Händen auf dem Rücken, hochgereckt an der Tür gelehnt, um hereinzuspähen.

Sie richtete sich ohne Entschuldigung oder Ausrede auf; sie sah seinem Gesicht an, daß er zum erstenmal im Leben etwas Ungeheuerliches getan hatte und das, da gab es keinen Zweifel, für sie. Sie trat dicht an ihn heran, wie sie es mit der Tür gemacht hatte, die Arme auf den Rücken gelegt. »Was hast du getan?«, sagte sie.

»Ich habe getötet – ich glaube, ich habe getötet –«

»Wo? Was?« Sie trat von ihm zurück und blickte in die Ecke auf den Kasten.

»Das!« Sie fing zu lachen an, ein hartes, markerschütterndes Gelächter.

»Rutsch mir den Buckel runter!«, schrie er, und sie verstummte und sah ihn mit offenem Mund an. Sie stürzte los und hob das kleine graue Kaninchen hoch. Sie legte es auf den Tisch; dann trat sie zu Amietiev und schlang die Arme um ihn. »Komm«, sagte sie, »kämm dich.«

Sie fürchtete sich vor ihm, mit seinem Mund stimmte irgendetwas nicht, denn er hing seitlich leicht herab. Sie fürchtete sich vor seinem Gang, der laut, klatschend war. Sie schob ihn auf die Tür zu. Er setzte Fuß vor Fuß, mit einer Präzision, die ihn zuerst den Hacken aufsetzen ließ, dann folgte die Fußspitze...

»Wo willst du denn hin?«

Er schien nicht zu wissen, wo er war, er hatte sie vergessen. Er bebte, den Kopf erhoben, im Innersten verwundet.

Die Ärzte

»Wir haben uns gegen das Jüngste Gericht gewappnet.« Diese Bemerkung machte Dr. Katrina Silverstaff in den seltsamsten Augenblicken, und es schien damit nichts weiter auf sich zu haben – wie wenn einer seufzt: »Reg dich nicht auf.« Oft sagte sie es zu sich selbst. Sie dachte es, wenn sie auf dem Heimweg war, an der östlichen Kaimauer des Flusses entlang, und die Schachtel mit den Kümmelkuchen, die sie stets zum Tee mit nach Hause brachte, an ihrer Bindfadenschlaufe vom Finger herabbaumeln ließ; sie blieb jedoch jedesmal stehen und lehnte sich über die Mauerkrone, um die Flußbarken zu beobachten, wie sie, schwerbeladen mit hellen Ziegelsteinen, den Islands zustrebten.

Dr. Katrina und ihr Gatte Dr. Otto hatten dasselbe Gymnasium in Freiburg-im-Breisgau besucht. Beide hatten Gynäkologen werden wollen. Otto Silverstaff schaffte es, wie man so sagt, doch Katrina kam bei der Vivisektion vom Weg ab und benahm sich, als sei sie sich einer schändlichen Handlungsweise bewußt. Otto wartete ab, was sie tun würde. Sie blieb den Übungen fern und wurde im Park gesehen, wo sie vorgebeugt saß, Ottos Spazierstock vor sich, den goldenen Knauf in beiden Händen, die Ellenbogen auf die Beine gestützt, und langsam die herabgefallenen Blätter aufspießte. Sie fand nie wieder zu ihrer Heiterkeit zurück. Sie heiratete Otto zwar, schien jedoch nicht zu wissen, *wann*; sie wußte, warum – sie liebte ihn –, doch er vermied sie, indem er sich im Fluß der Zeit tummelte, indem er absolut *alltäglich* war.

In den frühen Zwanzigern kamen sie nach Amerika und fanden sofort Anklang bei den Bewohnern der Second Avenue. Die Leute mochten sie, sie waren vertrauenswürdig, sie waren verläßlich; Dr. Katrina machte sich um Säugetiere und Vögel verdient, und Doktor Otto war in jedem Zoll seiner zielstrebigen, rundlichen kleinen Gestalt ein Mann von leidenschaftlichem Pflichteifer. Es war ein Mann wie aus einem Stück – sieht man einmal ab von den baumelnden Gummischläuchen seines Stethoskops –, der sich da um schwerste Fälle bemühte. Wenn er mit den Fingern gegen einen dargebotenen Rücken pochte, reckte er sich gleichzeitig mit hervortretenden Augen und zusammengepreßten Lippen um die dazugehörige Schulter und sprach dann unter Schwaden von Hoffnung, Lakritze und Karbolsäure sein Verdikt aus.

Die Namensschilder der beiden Ärzte hingen einträchtig nebeneinander in dem kleinen gekachelten Flur, und einträchtig nebeneinander (wie Menschen auf einem holländischen Gemälde) saßen die Ärzte an ihrem Tisch, der dem Fenster zugekehrt war. Der erste Tag war der Tag, an dem sie zum erstenmal bemerkte: »Wir haben uns gegen das Jüngste Gericht gewappnet.« Zwischen ihnen stand ein Globus und auf seiner Seite eine Waage. Er hatte das Gewicht müßig auf seinen rostenden Zähnen hin und her geschoben, als sie zu sprechen begann, und als sie abrupt aufhörte, spielte er nicht weiter und blickte sie mit einem nachsichtigen Ausdruck an. Sie gefiel ihm ungeheuer; sie war »Seewasser« und »unpersönliche Tapferkeit«, die weder um Aufmerksamkeit bat, noch welcher bedurfte. Sie ruhte fest in verdienstvoller Hingabe, war eingebettet in ein festumrissenes Territorium der Abstraktion, einer hervorragend organisierten Begegnung mit der Entfremdung; sie war Otto unverständlich wie eine Entscheidung beim Schach, sie konnte jeden nur erdenklichen Zug tun, doch, so kam es dem Arzt vor, wie der auch aussehen mochte, er würde nach den Regeln jenes uralten Spiels erfolgen.

Die Ärzte hatten ihre Praxis kaum mehr als ein Jahr, als ihr erstes Kind geboren wurde, ein Mädchen, und im darauffolgenden Jahr war es ein Junge; dann kamen keine Kinder mehr.

Da sich Dr. Otto immer als Liberalen – im ursprünglichen, gesünderen Sinne des Wortes – betrachtet hatte (wie er später zu erklären pflegte, wenn er mit seinen Nachbarn im ungarischen Grillrestaurant saß, seine Frau neben sich), konnte er an der Geistesabwesenheit seiner Frau nichts Seltsames finden, an ihrer Verschlossenheit, ihrem Schweigen, insbesondere, wenn es ein Xylophon gab und ein Mädchen sich in der beizenden Luft des rotierenden Sprühregens auf der Stiefelspitze um die eigene Achse drehte. Katrina war immer schon musikbeflissen gewesen, man konnte sagen, daß sie Note für Note »bei der Sache war«. Sie sammelte außerdem Bücher der Vergleichenden Religionswissenschaft und fing an, Hebräisch zu lernen. Er sagte zu allen: »Na? Sind wir nicht heimisch in *allem*?«

So ging ihr Leben ins zehnte Jahr. Das Mädchen hatte angefangen, Tanzunterricht zu nehmen, und der Junge (der eine Brille trug) vertiefte sich in die Insektenkunde. Dann geschah etwas, das völlig ungewöhnlich war.

Eines Tages hatte Doktor Katrina auf das Läuten eines hausierenden Bücherverkäufers hin die Tür geöffnet. Gemeinhin hatte sie mit derlei Burschen keine Geduld und pflegte sie mit einem scharfen »Nein, danke!« abzuweisen. Diesmal verweilte sie jedoch mit dem Türknauf in der Hand und betrachtete einen Mann, der seinen Namen mit Rodkin angab. Er sagte, seine Tour führe ihn insbesondere durch diesen Teil der Stadt. Er sagte, er habe ihn nämlich ausgelassen im letzten Jahr, als er Carlyle's *French Revolution* verkauft habe. Diesmal verkaufe er jedoch die Bibel. Doktor Katrina trat zur Seite und ließ ihn ein. Sichtlich überrascht, trat er in die Diele.

»Wir gehen ins Wartezimmer«, sagte sie, »mein Mann hat Sprechstunde und darf nicht gestört werden.« Er sagte: »Ja, selbstverständlich, ich verstehe.« Obwohl er überhaupt nichts verstand.

Das Wartezimmer war leer, düster und feucht, wie ein aus dem Meer aufgestiegenes Stück Weideland. Doktor Katrina hob den Arm und knipste ein einsames Licht an, das seinen schwingenden Bogen über den verblichenen Teppich ergoß.

Der Hausierer, ein hagerer blasser Mann mit ungekräuseltem, flachsblondem Bart, dem Bart eher eines Tieres als eines Mannes, und mit einem Schopf desselben, fast weißen Haars, das ihm glatt von der Schädelplatte herabhing, war – mit diesen hellen Augen, die er obendrein hatte – kaum bedrohlich zu nennen; er war so farblos, daß er geisterhaft wirkte.

Doktor Katrina sagte: »Wir müssen über Religion sprechen.«

Er war verdutzt und fragte, weshalb.

»Weil«, sagte sie, »sich niemand daran erinnert.«

Er antwortete nicht, bis sie ihn aufforderte, Platz zu nehmen, und er nahm Platz und schlug die Beine übereinander; dann sagte er: »Also?«

Sie saß ihm gegenüber, den Kopf leicht abgewandt, und dachte offensichtlich nach. Dann sagte sie: »Ich will, daß die Religion etwas wird, das nicht nur *wenigen* zugänglich ist. Ich meine, nur *für* wenige zugänglich; wieder etwas Unmögliches wird; das man wieder finden muß.«

»*Wird*?«, wiederholt er. »Das ist ein eigenartiges Wort.«

»Es ist das einzig mögliche Wort«, sagte sie gereizt, »weil die Religion augenblicklich von zu vielen beansprucht wird.«

Er fuhr sich mit der kleinen Hand durch den Bart. »Ja, schon«, antwortete er, »ich verstehe.«

»Nein, das tun Sie nicht!«, wies sie ihn scharf zurecht. »Kommen wir zum entscheidenden Punkt. Für mich ist das alles zu sehr arrangiert. Ich sage das nicht, weil ich Ihre Hilfe brauche. Ich werde Ihre Hilfe niemals brauchen.« Sie starrte ihm ins Gesicht. »Damit Ihnen das von Anfang an klar ist.«

»Von Anfang an«, wiederholte er mit lauter Stimme.

»Von Anfang an, von vornherein. Nicht Hilfe, *Hinderung*.«

»Und um *was* zu bewirken, Madame?« Er nahm die

Hand vom Bart, senkte den linken Arm und ließ seine Bücher fallen.

»Das ist meine Angelegenheit«, sagte sie, »es hat nichts mit Ihnen zu tun; Sie sind nur Mittel zum Zweck.«

»Soso«, sagte er, »Mittel zum Zweck.«

Ein Zittern ergriff ihre Wange, wie eine schmerzliche Grimasse. »Sie können nichts tun, nicht als Person.« Sie stand auf. »Ich muß alles tun. Nein!«, sagte sie und hob beide Hände und ergriff die Zipfel ihres Schultertuchs mit einer Geste des Zorns und des Stolzes, obwohl er sich nicht gerührt hatte, »ich werde Ihre Geliebte sein.« Sie ließ die Hände in die Falten des Tuchs sinken. »Doch«, setzte sie hinzu, »mischen Sie sich nicht ein. Morgen werden Sie mich besuchen kommen, das ist genug; das ist alles.« Und bei diesem »alles« verspürte der kleine Hausierer eine ihm gänzlich fremde Angst.

Immerhin kam er am nächsten Tag; nervös, unter Verbeugungen, stolpernd. Sie wollte ihn nicht sehen. Sie ließ ihm durch das Hausmädchen ausrichten, daß sie ihn nicht brauche, und er ging beschämt wieder weg. Er kam am darauffolgenden Tage wieder und bekam lediglich zu hören, Doktor Katrina Silverstaff sei nicht zu Hause. Am nächsten Sonntag aber war sie es.

Sie war still, nahezu sanft, als bereite sie ihn auf eine Enttäuschung vor, und er hörte zu. »Ich halte das Verbotene ganz bewußt frei von Gewissensbissen. Ich hoffe, Sie verstehen das.«

»Er sagte: »Ja«, und verstand nichts.

Sie fuhr unerbittlich fort: »Es wird keine Dornen für Sie geben. Sie werden die Dornen vermissen, doch maßen Sie sich nicht an, das in meiner Gegenwart zu zeigen.« Und angesichts seines Entsetzens setzte sie hinzu:

»Und ich erlaube Ihnen nicht zu leiden, während ich im Zimmer bin.« Langsam und umständlich begann sie, ihre Brosche abzunehmen. »Ich verabscheue jeglichen geistigen Verfall.«

»Jeje!«, sagte er leise.

»Der Wille ist es«, sagte sie, »der die vollständige Entfremdung herbeiführen muß.«

Für ihn selbst unerwartet, bellte er: »Das will ich meinen!«

Sie schwieg nachdenklich, und wider Willen hörte er seine Stimme sagen: »Ich will leiden!«

Sie wirbelte herum: »Nicht in meinem Haus!«

»Ich werde Ihnen durch die ganze Welt folgen.«

»Sie werden mir nicht fehlen.«

Er sagte: »Was werden Sie tun?«

»Zerstört man sich, wenn man gänzlich unbeteiligt ist?«

»Ich weiß nicht.«

Als nächstes sagte sie: »Ich liebe meinen Mann. Ich möchte, daß Sie das wissen. Es hat damit nichts zu tun, auch das sollen Sie wissen. Er *gefällt mir*, und ich bin sehr stolz auf ihn.«

»Ja ja«, sagte Rodkin und fing wieder an zu zittern. Seine Hand am Bettpfosten brachte die Messingstangen zum Klirren.

»In mir ist etwas, das traurig ist, weil es ist.«

Er antwortete nicht; er weinte.

»Da ist noch etwas«, sagte sie unwirsch, »worauf ich bestehe – daß Sie mich nicht durch ihre Aufmerksamkeit beleidigen, während Sie im Zimmer sind.«

Er versuchte, seinen Tränen Einhalt zu gebieten, und er versuchte, zu begreifen, was geschah.

»Denn sehen Sie«, fuhr sie fort, »manche Menschen trinken Gift, manche nehmen das Messer, andere ertrinken. Ich nehme Sie.«

In der Morgendämmerung fragte sie ihn, aufrecht sitzend, ob er rauchen wolle, und zündete ihm eine Zigarette an. Danach zog sie sich in sich selbst zurück und saß auf der Mahagonibettkante, die Hände im Schoß.

Unglücklicherweise war Rodkin nun behaglich zumute. Er drehte sich im Bett herum, setzte sich mit gekreuzten Füßen hin und rauchte langsam, mit Bedacht.

»Bereut man?«

Doktor Katrina antwortete nicht, sie regte sich nicht, sie schien ihn nicht gehört zu haben.

»Sie haben mich erschreckt gestern abend«, sagte er, streckte die Fersen weg und legte sich auf den Rücken. »Gestern abend ist beinah ein Jemand aus mir geworden.«

Es herrschte immer noch Schweigen.

Er begann, aus seiner Bibel zu zitieren. »Werden die Tiere des Feldes und die Vögel unter dem Himmel dich je verlassen?« Er setzte hinzu: »Wird je ein Mensch dich verlassen?«

Katrina Silverstaff blieb, wie sie war, doch ein kaum merkliches Zucken durchlief ihre Wange. Die Morgendämmerung war hereingebrochen, die Straßenlaternen gingen aus, ein Milchwagen ratterte über das Kopfsteinpflaster und in die Dunkelheit einer Seitenstraße hinein.

»Eine. Eine von vielen ... *die* Eine.«

Sie sagte immer noch nichts, und er machte seine Zigarette aus. Das Atmen fiel ihm schwer. Er begann zu zittern; er rollte sich herum, setzte sich auf und zog seine Sachen an.

»Wann werde ich Sie wiedersehen?« Der kalte Schweiß brach ihm aus, seine Hände zitterten. »Morgen?« Er versuchte, auf sie zuzugehen, fand sich jedoch in Türnähe wieder. »Ich bin nichts, niemand –«, er wandte sich ihr zu, beugte sich ein wenig hinab, als wollte er sie küssen, doch es kam kein Zeichen der Ermutigung. »Sie nehmen alles weg. Ich kann nicht fühlen, ich leide nicht, nichts, wissen Sie – ich kann nicht –.« Er versuchte, sie anzuschauen. Nach langer Zeit gelang es ihm.

Er erkannte, daß sie nicht wußte, daß er im Zimmer war.

Daraufhin befiel ihn so etwas wie Entsetzen, und mit leisem, geübtem Griff drehte er den Türknauf und verschwand.

Ein paar Tage später in der Abenddämmerung kam er, mit dem Herzen eines Hundes, in die Straße der Ärzte und schaute zu deren Haus hinüber.

Eine einzige, zur Schleife gebundene Seidenbahn hing an der Tür.

Von dem Tag begann er, heftig zu trinken. Er galt in den Cafés des Viertels alsbald als rechte Landplage, und einmal, als er Doktor Otto Silverstaff mit seinen beiden Kindern allein in einer Ecke sitzen sah, lachte er laut auf, und brach in Tränen aus.

Kopfunter

Hinter zwei flinken Pferden fuhr, in der Mittagshitze, Julie Anspacher. Die Luft war erfüllt vom Lärm der Winden und des Brunnenwassers und vom parfümierten Wellenschaum der Blumen, und Julie starrte geradeaus, während die Straße sich in die Wegstrecke ihrer Erinnerung verwandelte.

Der Kutscher, ein alter Skandinavier und ein Freund der Familie, der genau zwei Sagen kannte, eine, die von einem Rebhuhn und eine, die von einer Frau handelte, saß steif auf seinem Bock und ließ die Zügel über die glatten Hinterteile der Stuten schleifen; er pfiff die Weise, die zur Geschichte vom Rebhuhn gehörte, wiegte sich dabei langsam auf seinem stabilen Sitz, und mit der Melodie kam, wie der von Kräutern, der starke Duft von Pferdestall zurück, in das sich schmerzhaft das Leder drückte.

Die Pferde begannen, hügelan zu ziehen, ließen die Ohren spielen und senkten ruckhaft die Köpfe. Auf der Kuppe angekommen, sprangen sie in einem Wirbel von Funken und Staub in den Galopp. Der Kutscher, der immer noch kerzengerade saß, immer noch pfiff, zügelte die Pferde letztmals mit schwungvoller Gebärde und hob den Peitschenstock hoch in die Luft, um ihn dann elegant in seinen Halter zu senken. Mit tiefer Baßstimme sagte er: »Es ist einige Zeit vergangen, seit wir Sie zuletzt gesehen haben, Mrs. Anspacher.«

Julie hob ihr langes Gesicht aus dem Kragen und nickte.

»Ja«, sagte sie kurz und runzelte die Brauen.

»Ihr Mann hat den Mais schon geerntet, und die Obstbäume hängen berstend voll.«

»Ach ja?« Sie versuchte, sich zu erinnern, wieviele davon Apfel- und wieviele Birnbäume waren.

Der Kutscher wechselte die Zügel von der einen Hand in die andere und wandte sich um: »Es ist schön, Sie wiederzusehen, Mrs. Anspacher.« Er sagte das so schlicht, mit soviel herzlicher Freude, daß Julie laut herauslachte.

»Ach, wirklich?«, antwortete sie, biß sich jedoch sogleich auf die Lippen und richtete den zornigen Blick starr geradeaus.

Das Kind, das neben ihr saß, beweglich, wie es seinem Alter angemessen war, hob das Gesicht, aus dem mit drolliger Kühnheit eine kleine Adlernase hervorsprang. Es hielt einen altmodischen Hermelinmuff in der Hand, der ihm immer wieder halb entglitt und dessen Schwänze nach allen Richtungen abstanden.

»Sie erinnern sich doch an Mrs. Berling?«, fuhr der Kutscher fort, »Sie hat wieder geheiratet.«

»Ach, tatsächlich?«

»Ja, Ma'am, so ist es.«

Er fing an, ihr von einer freien Stelle im Postamt zu erzählen, die der Neffe ihres Gatten eingenommen hatte.

»Korruption!«, schnaubte sie verächtlich.

Das Kind fuhr zusammen und sah dann rasch weg,

wie es Kinder tun, wenn sie etwas erwarten und nicht begreifen, was. Der Fahrer ließ die Peitsche auf den Pferden niedergehen, links und rechts; ein Saum aus dichtem Schaum bildete sich entlang den Kanten des Geschirrs.

»Was sagten Sie gerade, Mrs. Anspacher?«

»Nichts sagte ich. Ich sagte, alles ist verloren von Anbeginn, wenn wir es nur wüßten – immer.«

Das Kind sah zu ihr auf, dann senkte es den Blick auf seinen Muff.

»Ann«, sagte Julie Anspacher plötzlich und nahm dem Kind den Muff vom Schoß. »Hast du schon einmal so große Pferde gesehen?«

Das Mädchen wandte ihr das aufleuchtende Gesicht zu, beugte sich nieder und versuchte, zwischen den Armen des Kutschers hindurchzublicken. Sie lächelte.

»Sind das deine?«, flüsterte sie.

»Du brauchst nicht zu flüstern«, sagte Julie. Sie holte tief Luft, so daß sich die Seide ihrer Bluse über den Brüsten spannte. »Nein, es sind nicht meine, doch wir haben auch zwei – noch größere – schwärzere ...«

»Darf ich sie sehen?«

»Natürlich wirst du sie ansehen – sei nicht albern!«

Das Kind zuckte zusammen und zerrte nervös an seinem Muff. Julie Anspacher überließ sich wieder ihren Gedanken.

Es waren fast fünf Jahre vergangen, seit Mrs. Anspacher zuletzt zu Hause gewesen war. Vor fünf Jahren, in geradeso einem Herbst, hatten die Ärzte ihr noch sechs Monate zu leben gegeben ... Eine Lunge zerstört, die andere bereits angegriffen. Manchmal nennt man das den ›weißen Tod‹, manchmal die ›Liebeskrankheit‹.

Sie hustete ein wenig, als sie daran zurückdachte, und das Kind an ihrer Seite hustete ebenfalls, wie ein Echo, und der Kutscher runzelte die Stirn und dachte bei sich, daß Mrs. Anspacher wohl nicht geheilt sei.

Sie war neununddreißig; sie hätte mit vierunddreißig sterben sollen. Innerhalb jener fünf Jahre Gnadenfrist hatte ihr Gatte Paytor sie fünfmal besucht. Zur Weihnachtszeit hatte er die über vierzehnstündige Bahnfahrt ins Landesinnere unternommen. Er verfluchte die Ärzte, nannte sie Dummköpfe und fragte sie jedesmal, wann sie nach Hause käme.

Das Haus tauchte auf. Schmutzigweiß stand es vor den Robinien. Rauch, der träge Rauch, der sich im Herbst zu einer geraden Säule erhebt, stieg in einen leeren Himmel auf, als der Kutscher die Pferde zum Stehen brachte, deren schaumbedeckte Kiefern den Druck der Trense spürten. Julie Anspacher sprang mit einem Satz neben der Kutsche zu Boden, so daß der modisch kurze Schoß ihrer Jacke tanzte. Sie wandte sich um, schob die schwarzbehandschuhten Hände unter das Kind und hob es auf den Weg hinab. Irgendwo bellte ein Hund, als sie durch das Tor traten.

Ein Hausmädchen im Häubchen steckte den Kopf aus einem Fenster heraus, schrie überrascht auf, zog den Kopf wieder ein und knallte den Fensterflügel zu, und Paytor kam mit langsamen, gemessenen Schritten über den Kies auf seine Frau und das Kind zu.

Er war ein Mann mittlerer Größe mit einem dichten, gestutzten Bart, der in einem grauen Keil am Kinn endete. Er war kräftig, gravitätisch und kehrte beim Gehen die Knie nach außen, was ihm einen wiegenden, verläßlichen Gang verlieh; er hatte ernste Augen und einen energischen Mund. Er wirkte ein wenig überrascht. Er hob den aprikosenfarbenen Schleier, der Julies Gesicht verbarg, beugte sich vor und küßte sie auf beide Wangen.

»Und woher kommt das Kind?«, wollte er wissen und berührte das Kinn des kleinen Mädchens.

»Nun komm schon, sei nicht albern«, sagte Julie ungeduldig und segelte auf das Haus zu.

Er eilte ihr nach. »Ich freue mich so, daß du da bist«, sagte er und versuchte, mit ihrem weitausholenden, schwingenden Gang Schritt zu halten, der das Kind fast vom Boden hob und es zwang, im Laufschritt neben ihr herzustolpern.

»Sag doch, was haben die Ärzte gesagt – geheilt?«

Es war seiner Stimme anzumerken, daß er glücklich war, als er fortfuhr: »Nicht, daß ich wirklich etwas auf ihre Meinung gäbe – ich habe dir ja immer schon ein hohes Alter vorausgesagt, stimmt das nicht? Denn was hatten die Ärzte denn in Marie Baskirtseffs Fall für eine Heilmethode, wie? Sie haben sie bei geschlossenen Fenstern in ein dunkles Zimmer eingesperrt – so starb sie natürlich –, das war damals ihre Methode. Jetzt ist es Kochs Tuberkulin –, und das ist ebenfalls nichts als Blödsinn. Gute, frische Luft, darauf kommt es an.«

»Es hat aber bei manchen Menschen gewirkt«, sagte sie, während sie vor ihm ins Wohnzimmer trat. »Ein Junge war da – nun, davon später. Läßt du Ann bitte von irgendjemandem zu Bett bringen – die Reise war anstrengend für sie –, sieh nur, wie schläfrig sie ist. Lauf nur, Ann«, fügte sie hinzu und schob sie mit sanftem Nachdruck auf das Hausmädchen zu. Während sie verschwanden, stand sie und blickte sich um und setzte unterdessen den Hut ab.

»Ich bin froh, daß du die Kristallüster abgenommen hast – ich habe Kristallüster noch nie ausstehen können –.« Sie trat ans Fenster.

»Ich habe es nicht getan, das Dach ist eingestürzt – gleich nach meinem letzten Besuch im Dezember. Du siehst großartig aus, Julie.« Er errötete. »Ich freue mich so, ich bin so schrecklich froh, weißt du. Ich fing langsam an zu glauben ... Na, nicht daß die Ärzte wirklich eine *Ahnung* hätten ... Doch es hat so lange gedauert ....« Er versuchte zu lachen, überlegte es sich dann jedoch anders und brachte stockend heraus: »Das ist doch ein Höhenunterschied von über fünfhundert Metern – aber dein Herz – das ist kräftig – war es immer.«

»Was weißt denn du von meinem Herzen?«, sagte Julie wütend. »Du weißt nicht, wovon du sprichst. Das Kind wiederum ...«

»Ja?«

»Sie heißt Ann«, schloß sie verdrießlich.

»Ein hübscher Name – deine Mutter hieß so, wem gehört es denn?«

»Herrgott nochmal!«, rief Julie und bewegte sich im Zimmer umher, indem sie die Sitzgarnitur umrundete. »Mir, mir, mir natürlich! Wem denn sonst, wenn nicht mir?«

Er schaute sie an. »Dir? Aber Julie, was für ein Unsinn!« Sämtliche Farbe war aus seinem Gesicht gewichen.

»Ich weiß –, wir müssen das besprechen –, es muß alles arrangiert werden, es ist schrecklich. Aber sie ist nett, ein kluges Kind, ein braves Kind.«

»Was um alles in der Welt soll denn das bedeuten?« Er vertrat ihr den Weg. »Weshalb bist du denn in einer solchen Stimmung – was habe ich denn getan?«

»Großer Gott, was sollst *du* denn getan haben! Was bist du doch für ein alberner Mensch. Nichts natürlich, absolut nichts!« Sie winkte ab. »Darum geht es doch nicht; weshalb fängst du denn von dir an? Ich tadele dich nicht, ich bitte nicht um Vergebung. Ich habe auf den Knien gelegen, ich habe den Kopf gegen den Boden geschlagen, ich habe mich erniedrigt, doch ...«, setzte sie mit einer schrecklichen Stimme hinzu, »das ist nicht tief genug, der Boden ist nicht tief genug; sich niederzubeugen ist nicht genug, um Verzeihung zu bitten, ist nicht genug, sie zu erlangen? –, wäre nicht genug. Es gibt auf der Welt einfach nicht das richtige Elend, das ich durchleiden könnte, nicht die richtige Art des Mitleids, das du empfinden könntest; auf der ganzen Welt gibt es kein Wort, das mich heilen könnte; Buße kann mich nicht erschüttern – es ist etwas jenseits aller Zwecke –, es ist Leiden ohne jede Vollstreckung, es ist wie unzulänglicher Schlaf; es ist wie alles, das ohne Maß ist. Ich bitte nicht um das Geringste, weil es nichts gibt, das gegeben oder entgegengenommen werden kann – wie primitiv, diese Fähigkeit, entgegenzunehmen ...«

»Aber, Julie ...«

»Nein, nein, das ist es nicht«, sagte sie schroff, und ihre Augen schwammen in Tränen, »selbstverständlich liebe ich dich. Doch stell dir das einmal vor: Ich, eine Gefahr für jedermann – außer für solche wie mich, die dieselbe Krankheit haben und damit rechnen, sterben zu müssen: Voller Angst, vollkommen gefangengenommen von einem Problem, das eine Handvoll Menschen angeht – erfüllt von Fieber und Lust –, keinesfalls einer selbstgewollten Lust, sondern einer, die mit Hitze zu tun hat. Und so voller Angst, so voller Angst! Und nichts, das danach kommen wird, was immer du anstellst, überhaupt nichts, überhaupt nichts, nur der Tod – und man macht weiter –, es geht weiter –, dann das Kind –, und das Leben, ihres, wahrscheinlich, für eine Zeitlang ...«

»Aha.«

»Deshalb konnte ich es dir nicht erzählen. Ich dachte: Nächsten Monat sterbe ich, ganz bald wird keiner uns mehr wiedersehen. Trotzdem, alles in allem, und sag was du willst, ich wollte nicht gehen – und ich *habe* versucht ... nun, du weißt schon, was ich meine. Dann starb ihr Vater – sie haben festgestellt, daß sie eine schwache Lunge hat ... Der Tod pflanzt sich fort ... Seltsam, nicht wahr ... Und die Ärzte ...« Sie fuhr herum: »Du hast recht, sie haben mich belogen, und ich habe es durchgestanden, von Anfang bis Ende.«

Er hatte sich von ihr abgewandt.

»Die wirkliche, die eigentliche Vorstellung dabei ist«, sagte sie mit gequälter Stimme, »daß eine Sache einen Sinn haben sollte. Die Qual sollte eine Bedeutung haben. Ich wollte nicht über dich hinausgehen oder dir irgendetwas voraushaben – das war nicht die Idee, es war überhaupt nicht die Idee. Ich dachte, es sollte mich nicht mehr geben. Ich wollte nichts hinterlassen als dich, nur dich. Du mußt das glauben, oder ich ertrage es nicht ... und trotzdem«, fuhr sie fort, während sie ungeduldig im Zimmer umherlief, »es war auch eine Art hysterischer Freude dabei. Ich dachte, wenn Paytor Intuition hat, jenes seltsame andere ›Etwas‹, das bei allem im Mittelpunkt stehen muß (oder es gäbe kein so sehnliches Verlangen danach), jenes geheimnisvolle Etwas, das uns immerfort so nahe ist, daß es bald schon obszön ist – ja, ich dachte, wenn Paytor das hat (und denk dir, ich wußte die ganze Zeit, daß du es nicht besaßest), diese ›Gnade‹, dachte ich, nun, dann wird er verstehen. Dann sagte ich mir bei solchen Gelegenheiten, nachdem du schon lange wieder weg warst, *jetzt* hat er die Antwort, eben in diesem Augenblick, genau Schlag halb zehn, wenn ich jetzt bei ihm sein könnte, dann würde er zu mir sagen: ›Ich verstehe.‹ Doch sobald ich den Fahrplan in der Hand hielt, um den Zug herauszusuchen, in dem du säßest, wußte ich, daß es in deinem Innern kein solches Gefühl gab – ganz und gar keins.«

»Empfindest du denn kein Grauen?«, fragte er mit lauter Stimme.

»Nein, ich empfinde kein Grauen – zum Grauen gehört der Konflikt, und ich sehe für mich keinen. Ich bin dem Leben entfremdet, ich bin verloren in stillem Gewässer.«

»Hast du einen religiösen Glauben, Julie?«, fragte er sie, wieder mit dieser lauten Stimme, so als richte er sich an jemanden, der weit weg war.

»Ich weiß nicht, ich denke schon, doch ich bin mir nicht sicher. Ich habe versucht, an etwas Äußeres und Umfassendes zu glauben, etwas, das mich forttrüge, nach jenseits – das verlangen wir doch von unseren Glaubensgewißheiten, nicht wahr? Es wird jedoch nicht genügen, es entgleitet mir wieder; ich kehre wieder zu der Vorstellung zurück, daß es etwas Angemesseneres gibt als die Erlösung.«

Er legte den Kopf in die Hände. »Weißt du«, sagte

er, »Ich habe immer gemeint, daß eine Frau, weil sie Kinder haben *kann,* alles wissen müßte. Die bloße Tatsache, daß eine Frau etwas so Anmaßendes zu tun imstande ist, wie ein Kind zu bekommen, müßte ihr die Gabe der Prophetie verleihen.«

Sie hustete, das Taschentuch vor dem Gesicht. Sie lachte bitter. »Man lernt es zwar, behutsam mit dem Tod umzugehen, doch niemals, niemals ...« Sie sprach nicht zu Ende, sondern starrte ins Leere.

»Warum hast du das Kind hierhergebracht, weshalb bist du denn dann überhaupt wiedergekommen, nach so langer Zeit? – Es ist alles so schrecklich verworren.«

»Ich weiß nicht. Vielleicht, weil es ein Falsch und Richtig, ein Gut und Böse gibt, und ich das herausfinden mußte. Wenn es so etwas gibt wie eine ›immerwährende Gnade‹, dann möchte ich darüber etwas erfahren. Die christliche Gnade hat etwas so Unvertrautes, so eine befremdliche Intimität ...« Sie hatte die Angewohnheit, das Gesicht zu verziehen, indem sie die Augen schloß. »Ich dachte, vielleicht weiß Paytor ja Bescheid ...«

»Bescheid worüber?«

»Die Spaltung. Ich dachte, er wird imstande sein, mich von mir selbst abzuspalten. Persönlich fühle ich mich nicht gespalten; ich scheine ein geistig gesundes, ausgeglichenes Ganzes zu sein, doch ein hoffnungslos verstricktes. Ich sagte mir: Paytor wird erkennen, wo die spaltende Absicht liegt und wovon sie ausgeht, obwohl ich mich die ganze Zeit über gar nicht aus der Affäre zu ziehen versuchte, ich habe nicht an irgendein System gedacht – nun ja, mit anderen Worten, ich wollte ins *Unrecht* gesetzt werden. Verstehst du?«

»Nein«, sagte er mit unverändert lauter Stimme,

»und was schwerer wiegt, ist, daß du selbst gewußt haben mußt, was du mir angetan hast. Du hast alles auf den Kopf gestellt. Oh, ich will gar nicht sagen, mich betrogen – es ist viel weniger als das und mehr, es ist das, was die meisten von uns tun, wir verraten die Umstände, wir bleiben ihnen nicht treu. Nun«, sagte er schneidend, »ich kann nichts für dich tun. Ich kann nicht das Geringste tun; es tut mir leid, es tut mir sehr leid, doch so ist es nun einmal.« Er grimassierte, und seine Schultern zuckten.

»Das Kind hat es auch«, sagte Julie Anspacher und blickte ihm ins Gesicht. »Ich werde bald sterben. Es ist lächerlich«, setzte sie hinzu, während ihr die Tränen über das Gesicht strömten. »Du bist stark, bist es immer gewesen, und deine Familie vor dir war es ebenfalls – nicht einer von ihnen unter neunzig, als er unter die Erde kam –, es ist alles verkehrt – es ist völlig lächerlich!«

»Ich weiß nicht, vielleicht ist es gar nicht lächerlich. Man sollte sich hüten, allzu rasch zu einem Schluß zu kommen.« Er begann, seine Pfeife zu suchen. »Nur mußt du selbst doch wissen, wie sehr ich mich quäle, wenn eine Sache einigermaßen gewichtig ist, tagelang, jahrelang. Und warum? Weil ich sofort zu Schlußfolgerungen gelange und dann einen harten Kampf führen muß, um sie wieder zu zerstören!« Er klang jetzt ein wenig hochtrabend. »Weißt du«, sagte er, »ich bin menschlich, aber anspruchslos. Vielleicht werde ich später imstande sein, dir etwas zu sagen – dir wenigstens einen Anfang zu bieten. Später.« Er wandte sich ab, die Pfeife in der halbgeöffneten Hand, verließ das Zimmer und schloß die Tür hinter sich. Sie hörte ihn die Treppe hinaufsteigen, die harten Eichenholzstufen, auf den Speicher, wo er Schießübungen abhielt und auf die konzentrischen Ringe seiner Scheibe zielte.

Die Dunkelheit brach herein, sie verschluckte die Büsche und die Scheune und hüllte die Wohlgerüche des Obstgartens ein. Julie lehnte sich gegen ihre Hand, die an der Kante der Fensteröffnung ruhte, und lauschte. Sie hörte schwaches Hundelärmen in der Ferne, den Bach, der den Berg hinablief, und sie dachte, Wasser in der Hand hat keine Stimme, doch brüllt es richtig, wenn es über die Felsen hinabstürzt. Es singt über den kleinen Steinen in Bächen, doch schmeckt es nur nach Wasser, wenn man es einfängt und es sich sträubt und einem durch die Finger rinnt. Sie hatte das Gefühl, Tränen in den Augen zu haben, doch sie fielen nicht. Sentimentale Kindheitserinnerungen, sagte sie sich, die manchmal angsterregend gewesen und eng verknüpft waren mit Angeln und Schlittschuhlaufen und dem Tag, an dem man sie die Wange ihres toten Priesters hatte küssen lassen – *Qui habitare facit sterilem – matrem filiorum laetantem* – dann *Gloria Patri* –, was sie hatte weinen lassen aus einem seltsamen, nachträglichen Kummer, der heruntergeschluckt worden war, weil sie damals, als sie seine Wange berührte, eine aggressive Passivität geküßt hatte, die unversehrt war und kalt.

Sie wanderte innerlich umher und verwunderte sich. Sie konnte Paytor auf den dünnen Dielen oben umherlaufen hören, konnte seinen Tabakrauch riechen, konnte ihn klackend die Hähne seiner Gewehre spannen hören.

Mechanisch ging sie zur Truhe in der Ecke hinüber;

sie war mit Schneeszenen dekoriert. Sie hob den Deckel. Sie schlug die obere Schicht alter Spitzen und Schals um, bis sie an eine Hemdbluse aus gestreiftem Taft gelangte... Diejenige, die sie vor Jahren getragen hatte, sie hatte ihrer Mutter gehört. Sie hielt inne. Das Kind? Paytor schien das Kind nicht zu mögen. »Wie albern!«, sagte sie laut. »Sie ist still, lieb, sanft. Was will er mehr?«, doch nein, das genügte jetzt nicht. Sie zog die Handschuhe aus – warum hatte sie das nicht sofort getan? Vielleicht war es ein Fehler gewesen zurückzukehren. Sie schritt auf die Treppe zu, um Paytor zu rufen und ihm das zu sagen, und steckte unterdessen ihren Schleier hoch. Die Zeit verrann. Doch nein, das war nicht die Antwort, das war nicht die richtige Vorstellung.

Das Pendel der Uhr im Holzgehäuse auf dem Kaminsims schob die Zeit mit behäbiger Mühelosigkeit vor – und zurück, und Julie, die jetzt am Fenster stand, döste schlaflos vor sich hin –, lange groteske Träume stellten sich ein, klammerten sich an sie, verflüchtigten sich und wälzten sich erneut heran. Irgendwo hustete Ann im Schlaf; Julie Anspacher hustete ebenfalls, wobei sie sich das Taschentuch vors Gesicht hielt. Sie hörte Füße, die auf und ab und auf und ab gingen, und der Tabakgeruch war nicht mehr nur schwach zu spüren.

Was konnte sie tun, um Gottes willen, was blieb ihr denn zu tun? Wenn sie nur nicht diese Angewohnheit hätte, gegen den Tod anzukämpfen. Sie schüttelte den Kopf. Der Tod lag jenseits des Wissens, und zuerst einmal mußte man in einer anderen Hinsicht Gewißheit haben. »Wenn ich nur die Kraft hätte zu fühlen, was ich fühlen soll, doch ich habe so lange soviel ertragen, doch wohl nicht zu lange, das ist das Tragische ... Die unendliche Disziplin, die es erfordert, alles ertragen zu lernen.« Sie dachte: »Wenn Paytor mir doch nur Zeit ließe, ich würde damit schon fertigwerden.« Dann war ihr, als müsse irgendetwas passieren. »Wenn mir doch nur das richtige Wort einfiele, ehe es passiert«, sagte sie sich. Sie sagte es wieder und wieder. »Weil mir kalt ist, kann ich nicht nachdenken. Ich werde gleich nachdenken. Ich ziehe die Jacke aus, den Mantel an ...«

Sie stand auf und streifte mit der Hand an der Wand entlang. Wo war er? Hatte sie ihn auf dem Stuhl liegenlassen? »Mir fällt das Wort nicht ein«, sagte sie, um sich mit irgendetwas zu beschäftigen.

Sie wandte sich um. Seine ganze Familie ... langlebige Menschen ... »und ich auch, ich auch«, murmelte sie. Ihr wurde schwindlig. »Das kommt daher, daß ich auf die Knie nieder muß. Das ist jedoch nicht tief genug«, widersprach sie sich, »aber wenn ich den Kopf nach unten halte, abwärts – nieder, nieder, nieder, nieder ...« Sie hörte einen Schuß. »Sein Blut gerät rasch in Wallung ...«

Ihre Stirn hatte die Dielen noch nicht ganz berührt, jetzt berührte sie sie, doch stand sie unverzüglich wieder auf und stolperte dabei über ihr Kleid.

Die Leidenschaft

Jeden Nachmittag um vier Uhr dreißig, außer donnerstags, bewegte sich eine elegante Kutsche mit gemessener Bravour durch den Bois. Sie wurde von zwei Braunen gezogen, deren glänzende Lacklederscheuklappen silberne *Rs* zierten und deren gestutzte Schwänze sich stolz über schön beschlagenen, makellosen Schwanzriemen wölbten.

In dieser Kutsche mit ihren halbzugezogenen Vorhängen saß die Prinzessin Frederica Rholinghausen, aufrecht, genau in der Mitte eines mit Klöppelmedaillons abgesetzten Kissens. Ihr Kopf bewegte sich nicht. Dem reglosen Gesicht hinter dem enggezogenen Schleier, der die leuchtende Pracht eines mit Bändern und Rosen überladenen Strohhuts umspann, wurde das Rouge nicht mehr aufgelegt, um seine Konturen zu unterstreichen, sondern um eine edle Abgezehrtheit zu malen. Die hochgewachsene Gestalt mit den hohen Schultern, die wie zerbrechliche Strebepfeiler wirkten, war in grauen Moirée gehüllt, dessen übermäßige Steifheit sich zu zwei scharfkantigen Punkten, den mageren Knien, zuspitzte wie die Ecken einer Pralinenschachtel. Keine Perle des Halsbands erzitterte zwischen den eingesunkenen blauen Adern, ebensowenig wie der leichte Glanz der Nägel durch irgendwelche persönlichen Gesten vom Schicklichen abwich, und nicht anders verhielt es sich mit den Schnallen auf den Schuhen oder auch dem durchdringenden Blick. Die ganze Pracht und Haltung teilte die Kehrtbewegung der Kutsche, als die Pferde den See umrundeten und die Schwäne aufstörten, die ihre Beschwerde schnatternd über die Wasseroberfläche ausstreuten. Die Spaziergänger unter den Bäumen schienen (wenn die Kutsche sie ins Blickfeld rückte) winzig und eingesperrt, denn die mächtigen astlosen Baumstämme warfen ein geradliniges Schattengitter. So bewegte sich dies parfümierte Gehäuse durch den Tag.

Der Kutscher, der mit seinem Sohn oben auf dem Bock saß, richtete den jungen Mann für ein Kutscherleben ab, an dem der alte Mann nicht teilhaben würde. Jeden Donnerstag, wenn die Prinzessin zu Hause blieb, wurde die leere Kutsche in einem zügigen, federnden Trab gefahren, und jeden Donnerstag hallte die Allée de Longchamps von den Rufen des alten Mannes wider: *»Eh, doucement, doucement!«*

Die Gefolgschaft der Familie, nurmehr fünf Bedienstete, arbeitete mit sowenig Anstrengung, wie sich mit einer abnehmenden Routine vereinbaren ließ. Jeden Morgen wurden in der Bibliothek die Bücher mit ihren weißen Ziegenledereinbänden und dem verblichenen Wappen abgestaubt, und jeden Nachmittag, wenn die Sonne nicht gar zu grell war, wurden im Musikzimmer die Vorhänge aufgezogen, doch da die Prinzessin sich mit jedem Jahr weniger von Zimmer zu Zimmer bewegte, wurde Jahr um Jahr ein Zimmer mehr auf immer dichtgemacht.

In der Küche schlug der Koch mit der Regelmäßigkeit eines Uhrwerks das Eiweiß von drei Eiern mit Rum und Zucker für das abendliche Soufflé, und mit derselben Regelmäßigkeit wässerte der Gärtner in der Abenddämmerung die Pflanzen, als sei er befördert worden, denn umgeben von der stillen Pracht der Schloßgärten sog er deren düstere, behäbige Majestät ein, als sei es die eines Versailles.

Der Schoßhund, seit langem schon zu alt, um von dem rüschenbesetzten Chintzkissen in seinem Korb aufzustehen, schlief schwer, ein Knäuel aus weißem Fell, von dem sich weder Glieder noch Gesicht abhoben, abgesehen von dem Strich aus dunklem Haar, der den Lidern ihren Platz zuwies, und dem feuchten, immer tiefer sackenden Punkt unter dem Kinn.

An ihren Donnerstagen erhob sich die Prinzessin um drei und kleidete sich vor einer langen Eichenstellage an, die von facettierten Flaschen blitzte. Sie war fast einen Meter achtzig groß gewesen und mit der Zeit nur um weniges geschrumpft. Wohin sie sich auch wenden mochte, standen Schnittblumen, doch sie pflegte sie nicht. Die Jagdszenen, die zwischen den hohen Eichenholzstühlen an der Wand hingen (sie hatte sie in der Jugend gemalt) waren staubbefiedert und gehörten einer fernen Vergangenheit an. Das Spinett in der Ecke, das mit einem, von ihrer eigenen Hand bestickten Satinüberwurf bedeckt war, warf sich entlang der Schrägkante seines Deckels und kündete auf diese Weise vom Schweigen eines halben Jahrhunderts. Die Notenhefte, die dort aufgestapelt lagen, waren für Sopran. Eins war beim *Liebeslied* aufgeschlagen. Der einzige Gegenstand, der in jüngster Zeit in Gebrauch genommen worden war, war der Kandelaber, dessen Kerzen auf ihrem Dorn halb herabgebrannt waren, denn die Prinzessin las bis in die Nacht hinein.

Es gab nur zwei Porträts, sie hingen im Eßzimmer. Das eine zeigte ihren Vater, der, in Uniform, neben einem Tisch stand, den Hut mit dem Federbusch in der Hand, die Hand wiederum auf dem Heft eines Schwertes, die gespornten Stiefelabsätze versunken im üppigen Flor eines Läufers. Das andere Porträt zeigte ihre Mutter auf einer Gartenbank. Sie war im grünen Jagdkostüm und hatte einen männlich wirkenden, kleinen Hut schräg über dem Ohr sitzen. In der einen Faust hielt sie, über hohen Reitstiefeln, eine ganze Kaskade von Rüschen. In einer Barockvitrine waren Miniaturen von Brüdern und Cousins aufgestellt; das waren weißblonde, geschlechtslose Kinder mit rosigen Wangen, die zwischen dem Nippes hervorlächelten; da gab es Fächcher, Münzen, Siegel, Porzellanplatten (die von Adlern belebt waren) und, unpassenderweise, die Statuette einer Dame, die durch das hauchdünne Gewebe eines Nachtgewands auf ihre farblosen Brüste niederblickte.

Bisweilen regnete es, so daß die Tropfen gegen die hohen Fenstertüren klatschten und die Widerspiegelung in den Spiegeln stürmte. Bisweilen traf die Sonne einen Kristallüster, der seinerseits eine kalte Feuerschwinge gegen die Decke warf.

Kurz, die Prinzessin war sehr alt. Nun wird behauptet, die Alten könnten sich dem Grab nicht ohne Bangigkeit oder religiöse Zeremonie nähern. Die Prinzessin aber wohl. Sie befand sich in der Hand hochgradigen Verfalls: Sie war *sèche*, doch dank einer letzten Eiterung ihres Willens lebte sie noch.

Bisweilen, nicht oft, doch bisweilen lachte sie mit der einprägsamen Schärfe einer im unpassenden Augenblick auftauchenden Erinnerung, und das Auflachen eines sehr alten Menschen wirkt verstörend, weil es ohne Freundlichkeit und isoliert ist. Hin und wieder hatte sie, wenn sie in diesem, keinem Vergleich zugänglichen Augenblick ihre Augengläser hob, überraschenderweise den Ausdruck eines *galant*, eines *bon-vivant* – doch lag über ihrer Haut ein Anflug von Blau, der vom Einverständnis mit der Sterblichkeit kündete. Sie sprach niemals von der Seele.

Hin und wieder kamen zwei verrostete Tanten zu Besuch, die von taperigen Gefährten begleitet wurden, ebenso wackeligen und hinfälligen, denen es gleichwohl gelang, heruntergefallene Gegenstände wiederzufinden, verlegte Brillen und zerbröckelten Kuchen – geduldig beugten sie sich herab und richteten sich wieder auf, während ihre Taschenuhren an ihren silbernen Häkchen hin- und herbaumelten.

Bisweilen schlenderte der einzige Neffe herein, ein »Taugenichts« – nicht sonderlich kindlich in seinem Gebaren, eher unverschämt und selbstgerecht –, nachdem er seine Pferde eingestellt hatte; mit gespreizten Beinen kam er durch das ganze Zimmer stolziert, ließ dabei die Schlaufe seiner Reitgerte gegen die Wickelgamasche klatschen, versprach »ewige Ergebenheit« und trug mit ausgestrecktem Arm eine derbe Zinnie vor sich her. Dann brach er in einem Sessel zusammen und bewies jene Gleichgültigkeit, die ihm in seinem hochwohlgeborenen Schienbein, in Schenkel und Scheitel vererbt worden war, ein gänzlich Ungenierter, Verdienstvoller ohne Verdienst, nippte Tee aus der zerbrechlichen Teetasse und starrte, während er tüchtige Halbmonde in das dünne Butterbrot biß, mit kaltem, berechnendem Blick ins Freie hinaus; und wenn die Prinzessin das Zimmer verließ, bemerkte er es wirklich nicht.

Kurt Anders, ein polnischer Offizier von einem vage erinnerlichen Regiment, der fast nie in Uniform erschien, war der wichtigste ihrer Besucher. Einmal im Monat, am zweiten Donnerstag, machte er seit dreißig Jahren seine Aufwartung, trank bei der Gelegenheit zierlich aus demselben Porzellan und war doch ein Riese, tüchtig gegürtet und oberlastig. Zwei langgezogene Falten gingen von der langen, gebogenen Nase aus, unterhalb deren sein Mund, der zu klein und zu flach geraten war für die weit auseinanderstehenden Zähne, der Tasse zustrebte. Er sprach mit ausgeprägtem Akzent.

Er war Witwer. Er sammelte Stiche und alte Ausgaben, Feuerwaffen und Briefmarken. Außerdem war er ein Verehrer des siebzehnten Jahrhunderts. Er trug braunrote Handschuhe, die, wenn er sie mit einer einzigen energischen Bewegung abstreifte, einen schwachen Veilchenduft ins Zimmer entsendeten. Er hatte das Auftreten eines Mannes, der der Ausschweifung nicht abhold gewesen ist; er wirkte, als habe er alles gegessen. Doch wenn er seiner ganzen Erscheinung nach auch elegant war, so haftete ihr doch irgendetwas an, das vom Beichtstuhl nicht weit entfernt war.

Manchmal kam er ein wenig zu früh, und dann ging er zu den Ställen, wo die beiden Braunen, die jetzt die einzigen Pferde waren, stampften und gestriegelt wurden, und wo das erfreuliche Gezänk, das Geschnappe und Gekläffe von Hündinnen, die gerade schwer am demnächst zu erwartenden Wurf des Jahres trugen, ihn erwarteten. Anders beugte sich eifrig nieder, um ihre Schnauzen zu streicheln, an ihren Lederhalsbändern zu ziehen, und blieb lang genug, daß ihre Schwänze sich beruhigen konnten.

Dieser Mann, dessen Geschichte angeblich ebenso *éblouissant* wie dunkel gewesen war, und der, so wollte es der Klatsch, seine Familie in der Jugend mit ziemlicher Gewißheit enttäuscht hatte, war zweifelsohne eine *figure scandaleuse*. Er hatte die *demimonde* allzu gern gehabt. Er hatte die Gunst der »Favoritinnen« sämtlicher großen Männer genossen. Er hatte einen Hang zu allen, die auf »Vergebung« angewiesen sein würden. Er war viel zusammen gewesen mit einem »Liebling« der Akademie, einem Sproß des Hauses Valois, derjenigen, die »L'Infidèle« genannt wurde – oder jedenfalls behauptete er das –, und die sich, obwohl leidenschaftlich »modern«, doch hingezogen fühlte zu Museum und Wachsfigur, insbesondere den mit einem Seil eingefriedeten Sektionen, die königlichen Equipagen oder mittlerweile historisch gesicherten Betten längst vergessener Könige eine Heimstatt boten.

Die Wahrheit? Anders hatte Freude am Manöver, am vollkommenen »Sprung«, dem Trick aus dem Hut und ganz allgemein an einer gesunden Witterung. Imposant, mit hochangesetztem Bauch, gamaschentragend und behandschuht, schlenderte er durch den Luxembourg, beobachtete die Blätter, wie sie auf die Standbilder toter Königinnen herabfielen, die Spielzeugboote auf dem Teich, die Schleifen, die an den Rücken kleiner Mädchen auf und ab hüpften, die Leute, die nur dasaßen und nichts sagten. Wenn man nun einst in den Genuß des Paradieses kommt? Dann ist der einzige nicht wiedergutzumachende Verlust jeglicher Park in Paris, den man nicht mehr besuchen kann.

Später, wenn er dann ins Musikzimmer trat und seine Handschuhe abstreifte, sprach er gern von den Hunden, von den verschiedenen Rassen, vom Herbst, von der Luft im Hinblick auf den Herbst und von der Luft anderer Länder; sprach er gern von dieser oder jener Kathedrale, diesem oder jenem Drama. Zuweilen legte er der Prinzessin eine seltene Radierung vor, von der er hoffte, daß sie ihr gefallen würde, oder er ging vor ihr auf und ab, bis ihr die Taschen seines Gehrocks auffielen, in die er kleine Blumen gesteckt hatte. Manchmal vergaß er auch Pferde und Hunde, Radierungen und Herbste, und konzentrierte sich auf Verwendung und Niedergang des Rapiers und auf die Vorteile des Schaftstiefels für den Schauspieler. Die Prinzessin zitierte gern Schiller. Dann vertiefte Anders sich in die Verwendung des Narren bei Shakespeare, wobei er unermüdlich einen dünnen Goldreif am kleinen Finger drehte (der einen Rubin so zart wie Wasser aufblinken ließ) und einen Einwand bedachte, den die Prinzessin gemacht hatte und der die Unmöglichkeit betraf, die Tradition zu wahren, wo sich doch heute sowieso jeder zum Narren mache. Als nächstes verlegten sie sich vielleicht auf die Literatur im allgemeinen, und sie fragte ihn dann, ob er in der Lyrik Großbritanniens sehr bewandert sei. Er antwortete, Chaucer habe es ihm angetan und der sei ein Bursche, der verteufelt schwer wieder abzuschütteln sei. Woraufhin sie lächelte und in ernsthaftem Ton nachfragte: »Wieso schütteln?«, um dann in eine Diskussion über Malerei hinüberzugleiten und damit auch zu dem Thema, wie diese das häusliche *genre* eingebüßt habe, als die Holländer den Engländern gewichen seien. Sie erörterten das Für und Wider der Interieurs und der Landschaft in der Ölmalerei; und hin und wieder mündete die ganze Erörterung in den Vorschlag, man solle doch eine Ausfahrt machen, etwa um ein erlesenes spanisches Möbelstück anzuschauen. Manchmal ließ er die Radierung da.

Selbstverständlich nahm jeder an, daß die Prinzessin die einzig wahre Leidenschaft seines Lebens sei. Es galt als ausgemacht, daß er, hätte es nicht während des Französisch-Preußischen Krieges einen Bruch gegeben, um die Hand der Prinzessin angehalten hätte. Andere waren genauso unerschütterlich davon überzeugt, daß die Prinzessin viel zu knauserig sei, um ihr Bett mit jemandem zu teilen. Die übrigen behaupteten unbeirrbar, sie seien in der Jugend ein Liebespaar gewesen und jetzt so gut wie Mann und Frau. Doch das war alles Unsinn. Sie waren Seiten in einem alten Buch, die sich zusammengefunden hatten, weil das Buch geschlossen wurde.

Beim vorletzten aller Besuche hatte es so etwas wie Spannungen gegeben. Er hatte Gesualdo erwähnt und den Gram des Mörders; und von dem Mörder war es nur ein Schritt zur Passion Monteverdis »am Grabe des Geliebten«.

»Das ›unbeirrt dem Schrecken zu‹«, sagte er, »das ist Liebe.«

Er blieb unmittelbar vor ihr stehen, während er sprach, und neigte sich ihr zu, um zu sehen, wie sie sich fühlte, und sie, zurückgelehnt spähte sie in sein Gesicht und sagte: »Der letzte Gefährte einer alten Frau ist immer ein ›Unverbesserlicher‹.« Sie setzte die Teetasse mit einem leichten Zittern der Hand nieder und fügte dann mit beißender Schärfe hinzu: »Wenn jedoch – ein unbedeutender, leichtlebiger Mann mit Bart gesagt hätte ›Ich liebe dich‹, hätte ich an Gott geglaubt.«

Danach kam er nur noch einmal, und nur einmal noch sah man die Prinzessin durch den Bois fahren, ein verschwommener Umriß hinter enggezogenem Schleier. Kurz danach lebte sie nicht mehr.

Djuna Barnes, geboren 1892 in Cornwall-on-Hudson, starb 1982 in New York. The Book of Repulsive Women. 1915. A Book. 1923 (Dieser Band erschien in veränderten Zusammenstellungen unter den Titeln A Night Among the Horses, 1929, und Spillwey, 1962; deutsch 1961 und in der vorliegenden Ausgabe). Ryder. Novel. 1928. Ladies Almanack. 1928 (deutsch 1985). Nightwood. Novel. 1936 (deutsch 1959). The Antiphon. A Play. 1958 (deutsch 1972). Vagaries Malicieux. Two Stories. 1974. Greenwich Village as it is. 1978. Creatures in an Alphabet. Poems. 1982. Smoke and Other Early Stories. 1982 (deutsch 1984). Interviews. 1985 (deutsch 1985).

»In Zukunft wird man Djuna Barnes zu den ganz wenigen rechnen müssen, die die Welt mit Weltliteratur zu erhalten suchen.«
Peter Hamm

DJUNA BARNES

Die Nacht in den Wäldern *Short Stories*
»Hier schreibt eine nüchterne und dandyhafte, ungezügelte und scharfzüngige Literatin von ausgeprägter Eigenart – das macht diese frühen Erzählungen so lesenswert.«
FRANKFURTER ALLGEMEINE ZEITUNG
»Die Geschichten in ihrer manchmal komischen Verspieltheit oder fatalistischen Traurigkeit lassen verrückte Realitäten ganz selbstverständlich durch die Sprache entstehen.«
STUTTGARTER NACHRICHTEN
Quartheft 133. 160 Seiten. DM 19.80

Portraits
Interviews mit bekannten und unbekannten Zeitgenossen – von Coco Chanel bis James Joyce
»Eine Passionierte – in beiderlei Sinn: der Leidenschaft und der Leidensfähigkeit – ist sie immer, auch in diesen leichthin skizzierten, scheinbar flüchtigen Begegnungen. Das befähigt sie, hinter der meist brillanten Fassade der Großen und Erfolgreichen die geheimen Tragödien, die Trauer hinter der Clownerie zu sehen, den der Epoche inhärenten Pessimismus hervorzulocken, der ihr eigener war, und der so gern unter der genußfrohen Eleganz der Belle Epoque oder dem Glamour der ›Roaring Twenties‹ verschwindet.
Die *Portraits* sind ganz und gar glaubwürdig. Immer ist die Person des anderen gesehen durch Djuna Barnes' starkes und – für jede bedeutende wie skurrile Nuance eines Charakters – sensibles Temperament.«
SÜDDEUTSCHE ZEITUNG
Englische Broschur. 208 Seiten. Mit vielen Abbildungen. DM 29.80

Ladies' Almanach
Eine Persiflage auf den berühmten lesbischen Zirkel der Amerikanerin Natalie Clifford Barney im Paris der zwanziger Jahre.
»Alles, was man schon immer über die besonderen Damen wissen wollte, erfährt man aus diesem ebenso tiefsinnigen wie witzigen 12-Monats-Buch.«
DIE ZEIT
Englische Broschur. 144 Seiten mit vielen Zeichnungen und Fotos. DM 24.80

Aus dem Amerikanischen von Karin Kersten

Verlag Klaus Wagenbach Berlin

Lesen Sie mal

Stephan Hermlin
Abendlicht
»Welch ein schönes Buch. Die Reinheit dieser Prosa ist gegenwärtig fast vergleichslos, seit Eich tot ist. Da hat sich ein Werk leise vollendet.« HANS MAYER
Quartheft 101. 128 Seiten. DM 16,80

Stephan Hermlin
Lebensfrist Gesammelte Erzählungen
Quartheft 110. 208 Seiten. DM 19,80

Stephan Hermlin
Bestimmungsorte
Fünf Geschichten, in denen die Personen auf die anscheinend unausweichliche Konfrontation verblüfft oder ratlos reagieren – freilich stets mit der Vorstellung von einer anderen Welt, in der die Maschinerie der Geschichte keine Fatalität mehr sei.
Quartheft 136. 80 Seiten. DM 12,80

Stephan Hermlin
Traum der Gemeinsamkeit
Dieses Lesebuch zeichnet den Weg Hermlins nach und sammelt die wichtigsten Texte: Erzählungen, Gedichte, Portraits, Nachdichtungen, Ansichten zur Zeit.
Wagenbachs Taschenbücherei 128. 176 Seiten. DM 14,50

Johannes Bobrowski
Litauische Klaviere Roman
Das letzte Buch des großen DDR-Schriftstellers: Zwei Herren aus Tilsit wollen 1936 eine Oper über einen litauischen Dichter und Klavierbauer schreiben – ein spannender Roman über das Herstellen von Kunst in schwieriger Zeit.
Wagenbachs Taschenbücherei 101. 128 Seiten. DM 9,50

JOHANNES BOBROWSKI

Mäusefest / Der Mahner 22 Erzählungen

»Johannes Bobrowski erklärte sich nicht für Brüderlichkeit: seine Dichtung war brüderlich.« STEPHAN HERMLIN

Quartheft 113. 144 Seiten. DM 16,80

ADOLF ENDLER

Nackt mit Brille Gedichte

»In diesen Gedichten ist die Beziehung zu einer Wirklichkeit auf den Siedepunkt gebracht; im ungehemmten Eingeständnis absoluter Subjektivität erweist sich ihre Stärke wie ihr Realismus.« GÜNTER KUNERT

Quartheft 74. 60 Seiten. DM 14,80

MICHAEL KRÜGER

Was tun? Eine altmodische Geschichte

»Eine bitterböse, brillante Satire auf das Leben unserer Intellektuellen.« DIE ZEIT

Quartheft 131. 80 Seiten. DM 14,80

WERNER KOFLER

Amok und Harmonie Prosa

Die in diesem Band gesammelten Prosastücke traktieren die Wirklichkeit auf eine Weise, daß sie sich von dieser Behandlung nicht mehr erholt.

Quartheft 141. 80 Seiten. DM 12,80

ROBERT WOLFGANG SCHNELL

Die heitere Freiheit und Gleichheit
Vier Geschichten von der festen Bindung

»Über die Heiterkeit des Einsamen und das Groteske im Alltäglichen.« SÜDDEUTSCHER RUNDFUNK

Quartheft 95. 80 Seiten. DM 14,80

WOLFGANG DEICHSEL

Zappzarapp Die Panik der Clowns hinterm Vorhang

Deichsels Stück führt heiter und mit vollendeter Kunstfertigkeit alle denkbaren Formen vor, in denen man drei Köpfe zusammenstoßen kann.

Quartheft 126. 80 Seiten mit Zeichnungen des Autors. DM 14,80

Italienische Literatur in den Quartheften

GIANNI CELATI *Erzähler der Ebenen*
Erzählungen aus der Po-Ebene. 160 Seiten

Italienische Reise
Literarischer Führer durch das heutige Italien. 208 Seiten

PIER PAOLO PASOLINI *Freibeuterschriften*
Polemiken gegen die Konsumgesellschaft. 144 Seiten

CARMELO SAMONÀ *Brüder*
Roman eines Zusammenlebens. 144 Seiten

GIORGIO MANGANELLI *Irrläufe*
Hundert Romane in Pillenform. 208 Seiten

PIER PAOLO PASOLINI *Unter freiem Himmel*
Ausgewählte Gedichte. 160 Seiten

GIORGIO MANGANELLI *Amore*
Ein sophistischer Spaziergang durch die Liebe. 128 Seiten

PIER PAOLO PASOLINI *Barbarische Erinnerungen*
La Divina Mimesis. Mit Bildern. 112 Seiten

NICOLÒ FERJANCIC *Polonia*
Ein nomadischer, nicht zufälliger Roman. 208 Seiten

GIORGIO MANGANELLI *An künftige Götter*
Sechs Geschichten. 160 Seiten

CARMELO SAMONÀ *Der Aufseher*
Roman über die Abwesenheit der Welt. 144 Seiten

PIER PAOLO PASOLINI *Amado mio*
Zwei Romane über die Freundschaft unter Männern. 208 Seiten

LUIGI MALERBA *Die nachdenklichen Hühner*
Hunderteinunddreißig kurze Geschichten. 80 Seiten

LUIGI MALERBA *Taschenabenteuer*
Dreiundfünfzig Geschichten. 112 Seiten

MICHELANGELO ANTONIONI *Bowling am Tiber*
Erzählungen eines Regisseurs. 144 Seiten